pour la vie spirituelle et temporelle

Le peuple souverain

L'économie financière progressive certaine
d'un milliard et plus

Pensées et réflexions philosophiques

Anecdote historique

Conclusion et vœu

ORLÉANS

IMPRIMERIE PAUL PIGELET ET FILS

8, RUE SAINT-ÉTIENNE, 8

—

1907

La Lutte pour la vie spirituelle et temporelle

Le peuple souverain

L'économie financière progressive certaine d'un milliard et plus

Pensées et réflexions philosophiques

Anecdote historique

Conclusion et vœu

ORLÉANS

IMPRIMERIE PAUL PIGELET ET FILS

8, RUE SAINT-ÉTIENNE, 8

—

1907

La lutte pour la vie spirituelle et temporelle
Le peuple souverain
L'économie financière progressive certaine d'un milliard et plus
Pensées et réflexions philosophiques
Anecdote historique
Conclusion et vœu

AU LECTEUR :

Indépendamment du principe de justice que toute personne doit désirer posséder, il en existe deux autres qui sont absolument indispensables et qui ont pour titre la fraternité et le devoir ; ces trois belles qualités sont primordiales, aussi ceux qui les possèdent doivent-ils les conserver très précieusement et engager ceux qui ne les posséderaient pas à les acquérir.

Ceux qui posséderaient la justice peuvent, sans contredit, se considérer à l'abri de toutes répressions ; mais cette vertu n'est pas suffisante, elle seule ne produirait jamais rien qui exalte le cœur et l'esprit, son

horizon serait trop restreint, il lui manquerait quelque
chose d'indispensable.

La fraternité jointe à la justice commencerait à
porter de meilleurs fruits, puisque ceux qui comprennent tout ce qu'elles renferment de bon sont ani-
més d'un grand désir d'être utiles à leurs semblables,
et certes, on peut affirmer sans crainte qu'elles sont le
marche-pied qui conduit à l'idéal, c'est-à-dire au devoir ; en effet, on peut être juste et fraternel sans qu'il
soit nécessaire de faire de grands efforts, *mais il est
beaucoup plus difficile de toujours faire son devoir* ;
aussi celui qui aura cette ferme volonté réussira, mais
s'il constatait chez lui certains points faibles, par
exemple la paresse, il devrait adopter l'impérieuse né-
cessité de l'exclure impitoyablement, car elle renferme,
presque toujours, les mauvais germes de toutes défail-
lances. *Pour vaincre, il faut, chaque jour, avant de
prendre le repos, faire son examen de conscience et se
demander si la journée a été bien remplie ; l'être qui
oublierait constamment ce devoir deviendrait fatalement une nullité ; ses actes de virilité devenant rares,
il descendrait, sans qu'il s'en doute, la pente qui conduit à beaucoup de misères morales et physiques.* Il est
des circonstances où la nature humaine a besoin de
faire appel à toute sa droite énergie, « dont les principaux moteurs et les seuls juges sont l'âme et la conscience », et surtout aux enseignements du Christ pour
triompher des assauts qui lui sont livrés sous toutes les
formes plus ou moins séduisantes ; ces assauts n'ex-

cluent aucun être, quel qu'il soit, car ils s'attaquent aussi bien aux chefs suprêmes de la nation qu'à tous les rouages de la société, depuis les plus élevés jusqu'aux plus bas, et si tous comprenaient bien leurs devoirs, « *surtout ceux qui ont pour mission de diriger les destinées de la nation* », beaucoup de misères morales et physiques seraient évitées. Heureusement qu'il existe encore des phalanges d'êtres de bonne volonté, désirant faire leur devoir et comprenant les enseignements du successeur du Christ sorti des rangs du peuple comme les premiers apôtres ; celui-là est bien véritablement un héros modèle faisant l'admiration, non seulement des catholiques de tout l'univers, mais encore d'un nombre considérable de personnes ne pratiquant pas la même religion ; il n'est étranger pour aucun peuple, aussi on peut affirmer qu'il les aime tous au même degré, en vue de leur bonheur spirituel ; arrière donc tous les sectaires et hypocrites qui nient ses belles qualités, car elles existent et resteront toujours invulnérables. Que Dieu en soit loué et qu'il conserve longtemps encore notre Très Saint-Père le Pape Pie X.

Si, dans ces luttes de la vie, la nature est parfois vaincue, elle peut et doit recourir à un secours, le seul infaillible, dont la voie a été tracée par le Christ lui-même ; l'être qui veut bien se donner la peine de chercher et réfléchir se demande comment certaines personnes, qui ont passé dix ou quinze années d'un travail assidu à leur instruction qui leur a permis de s'éclairer et de se créer une situation élevée, quelquefois même supérieure, leur permettant d'arriver à la fortune et même aux honneurs, peuvent se croire dispensés d'étudier en toute conscience les nobles et indispensables principes du Christianisme et à passer la plus grande partie de leur existence comme s'ils les considéraient absolument négligeables.

Il faut bien avoir le courage de dire toute la vérité, en affirmant qu'un trop grand nombre de personnes instruites, qui auraient pu et auraient dû, pour être dans la véritable voie, en faire la règle de leur conduite, ont dû. néanmoins, les constater véritablement sublimes et tellement supérieurs à toutes les vertus humaines qu'en raison aussi des devoirs sacrés qu'ils imposent, ont manqué d'énergie en préférant momentanément passer à côté ; ils attendent ; mais qu'attendent-ils donc ? *Ils seraient fort embarrassés pour formuler une raison valable*, attendu qu'il n'en existe pas ; il en est d'autres aussi qui attendent ; ceux-là n'ont reçu qu'une éducation et instruction très rudimentaires, n'ayant jamais pu, malheureusement. s'instruire des grandes vérités moralisatrices ; ils font comme les intellectuels : ils attendent ; et si les intellectuels attendent patiemment. les autres, beaucoup plus nombreux, attendent avec grande impatience. étant plus observateurs qu'on ne le croit et très susceptibles de distinguer le vice de la vertu : parmi cette classe de travailleurs, il en est encore beaucoup qui ont l'esprit droit, mais le plus grand nombre commencent à glisser sur une pente qui détruirait en eux ce qui était leur

sauvegarde ; les immondes brochures et autres écrits
les perdraient et, avec eux, ils entraîneraient un
nombre considérable d'êtres indifférents et égoïstes qui
ont oublié leurs devoirs, ne se doutant aucunement
qu'ils ont été des sujets de scandale, compromettant
très gravement les grands intérêts moraux et matériels
de la nation. — *Nul n'a le droit de se soustraire à la loi
du Christ ; les superbes et orgueilleux qui ont tenté sa
destruction ou cherché à l'atrophier, tels que Luther,
Calvin et Voltaire, malgré leur esprit satanique, n'ont
récolté que honte et ignominie :* **l'histoire le pro-
clamera éternellement.** — Qu'il me soit permis de citer un premier fait d'une très grande simpli-
cité ; il vient, dans une certaine mesure, à l'appui des
appréciations que je viens d'énumérer : Deux jeunes
gens, habitant la même commune, ayant fait leur première Communion la même année et étant restés au
pays, on les retrouve, après une période d'une quin-
zaine d'années, tous deux cultivateurs et pères de famille ; nous désignerons l'un par Jules et l'autre par
Jean. Jules avait été bien dirigé par sa mère jusqu'à
l'âge de douze à quinze ans ; de cette date à son ma-
riage, le père, dont le devoir et l'exemple auraient dû lui
continuer les mêmes soins, avait fermé les yeux sur son
enfant ; celui-ci, sans devenir absolument mauvais,
avait eu des écarts qui lui devinrent funestes ; « il
existe certaines natures à l'esprit vif, très impression-
nables, qui ont besoin d'être rappelées au devoir, et ce
n'est généralement que par une logique d'argument-

irréfutables, qui prouvent que tout être a son libre arbitre, que l'on peut améliorer et, par cela même, détruire les passions mauvaises. C'est un grand devoir à remplir, qui incombe aux père et mère et, à leur défaut, aux grands-parents. — *Qu'on ne l'oublie jamais, l'enfant qui aura certaines qualités physiques sera, presque toujours, prédisposé à se croire très supérieur à ses semblables et à s'infatuer, ce qui est un commencement de vanité qui entraînerait à beaucoup de déceptions ; c'est un virus qui s'infiltrerait inconsciemment et qu'il faut à tout prix prévenir ; les seuls et véritables remèdes sont les principes de Jésus-Christ et toute sa loi ; rester en dehors, serait encourir tout le cortège des misères physiques et morales ».* — Jean, heureusement, avait eu l'exemple dans la famille : le père avait compris et bien rempli tout son devoir, aussi ses petites affaires prospéraient et il existait un tel contraste entre la situation des deux jeunes gens que Jules devint jaloux de Jean, à tel point qu'il évitait la rencontre de son ancien camarade ; il chercha même plusieurs occa·sions de lui nuire ; bref, la situation de Jules devint très précaire. Or, comme son ancien camarade de communion se souvenait des bons principes qu'ils avaient reçus ensemble, il résolut de faire tout son devoir et de tenter une démarche pour le sortir du mauvais pas ; cette résolution était doublement motivée, ayant appris qu'il avait une échéance de quelques centaines de francs, à laquelle il lui serait difficile de faire honneur. Il résolut donc d'aller trouver son ancien camarade, et

l'ayant abordé chez lui, il y fut reçu bien froidement ;
c'était inévitable ; Jean s'y attendait ; aussi, sans se dé-
concerter, il lui demanda de faire revivre entre eux
leurs anciennes et excellentes relations, lui affirmant
que, s'il le voulait, il lui en donnerait toute facilité. Et
comme Jules lui répondait à peine, il lui dit à brûle-
pourpoint : « Voyons, mon cher ami, sois sincère et réponds-moi en toute franchise : que ferais-tu pour moi
si jétais tombé dans un fleuve et en danger de péril ? »
Et comme dans son trouble il tardait à répondre, ce fut
sa femme qui, ayant tout entendu, entra en scène et
répondit elle-même pour son mari : « Mais il vous sau-
verait, et moi aussi je me joindrais à lui, car, soyez certain, Monsieur Jean, que mon mari a de bonnes qualités : il aime sa femme et ses enfants, *il serait même
meilleur s'il ne se laissait pas entraîner par des gens
sans aveu qui cherchent à l'enrôler avec eux.* » Alors le
mari, revenu de son trouble, répondit à son tour : « Si,
pouvant te sauver d'un danger de mort, je restais les
bras croisés, je serais un lâche ; pourrais-tu douter de
mon affirmation ? » « Certes, non, je n'en doute pas ;
aussi, à mon tour, j'ajoute qu'ayant connu d'une façon
très discrète ta position actuelle, je viens faire ce que
tu ferais pour moi : accepte donc, mon cher ami, ces
quelques centaines de francs que tu me rendras à ton
temps ». Sa femme, la première, prit la parole, disant à
son mari : « Vois-tu que je ne m'étais pas trompé et
que ton ami est bon et fraternel ». Le mari, vaincu, dit
à son ancien camarade cette simple parole : « Merci,

tu es bien meilleur que moi ; tu as conservé les bons principes que j'ai eu grand tort d'oublier, mais, grâce à toi, j'y reviendrai ». — Les deux familles sont maintenant très unies et toutes deux font prospérer leurs petites affaires, et, par leurs bons exemples, font beaucoup de bien dans la localité.

La fraternité et le devoir ont beaucoup d'occasions de s'exercer, et parmi la classe ouvrière on pourrait encore, heureusement, citer beaucoup d'exemples ; cependant, ils ont tous plus ou moins à lutter pour subvenir aux besoins temporels de la vie et ceux qui comprennent qu'il est utile de lutter également pour leurs besoins spirituels sont à encourager ; ceux-là comprennent leur devoir.

A tous ces ouvriers laborieux qui liront cette petite brochure, je me permets de leur donner un conseil d'ami, le voici :

Ouvriers des champs et des villes qui, trop souvent, êtes obligés de travailler au-dessus de vos forces, ne commencez jamais votre travail de chaque jour sans faire votre prière et en l'offrant à Dieu qui le bénira. Votre prière durera autant que votre travail et vous serez toujours en paix. Si, dans le cours de vos travaux, vous sentez vos forces diminuer par l'excès du travail, provoquant la sueur qui coulera sur votre front, eh bien ! élevez votre pensée au divin Créateur et je vous affirme qu'il n'existera en aucun lieu de prière plus agréable à Dieu que la vôtre. Oui, le travail offert à Dieu est certainement sanctionné et béni par lui ; sans

que l'on s'en doute, il prospère jusqu'au sein des fa-
milles.

Pour démontrer les conséquences funestes de certaines pressions qui tendraient à rendre esclaves les
travailleurs, soit par promesses ou menaces, je retrace
ici un deuxième fait dont j'ai été le témoin, le voici :
— Sachant combien les travailleurs ont besoin d'être
éclairés pour les affermir dans leurs devoirs. j'ai pensé,
dès les années 1898 et 1900, à leur faire distribuer quelques petits opuscules et me suis adressé à un homme
honnête et indépendant, lui en remettant un certain
nombre à faire distribuer dans une commune où je suis
connu. Environ quinze jours s'étaient écoulés quand
j'eus l'occasion de revoir cette personne et lui deman-
dai à lui rembourser la petite dépense qu'il avait dû
faire, voici sa réponse : — Je me suis adressé à plusieurs ouvriers et pas un seul n'a osé se charger de la
distribution de vos petits opuscules, quoique étant ré-
tribuée ; ils m'ont déclaré qu'ils n'osaient pas, certains
qu'ils étaient d'être absolument désapprouvés par l'instituteur et qu'ils seraient mal reçus par ce fonctionnaire, lequel est cependant rétribué par eux, et que,
lorsqu'ils auraient besoin de son intermédiaire, soit
pour s'adresser à la préfecture ou à leur député, ils
n'obtiendraient rien. *Lecteur, qui que vous soyez, ne*
trouvez-vous pas qu'il est profondément humiliant pour
un Français qui comprend combien doit être sacrée et
invulnérable sa liberté et sa dignité d'homme, de cons-
tater qu'un certain nombre de nos compatriotes en soient

*réduits (nonobstant leur droit d'exprimer leur désir légitime) à trembler et à être craintifs devant un fonctionnaire, qu'ils ont droit de rappeler à l'ordre, tout en le respectant, car c'est bien par eux qu'il est rétribué. Si ma pensée est bien comprise, il est utile que chacun de nous ne s'en tienne pas purement et simplement à des vœux platoniques, qui, bien que très nobles et moraux, auraient peu de résultats, mais par des actes d'un droit absolu. — A l'œuvre donc dans la mesure de cha-*cun de nos moyens. — Néanmoins, cette distribution a été faite par une personne indépendante qui, après avoir apprécié les avis qu'ils enseignaient, a été très heureuse de les distribuer dans chaque famille. — L'instituteur, qui devrait lui-même se renfermer dans sa tâche d'idéal bien noble et sans contredit l'une des plus belles qui puisse être confiée à un homme, puisqu'il s'agit de l'avenir moral de nos enfants et de la France, n'est plus libre lui-même, puisqu'il est l'agent électoral du député recommandé par le préfet et la Franc-Maçonnerie et il est souvent, du moins j'aime à le croire, dans l'obligation de faire prévaloir des idées qui peuvent être contraires à sa conscience ; disons le véritable mot : *cet homme n'a plus lui-même sa liberté, il est devenu esclave ; quelle honte et quelle humiliation ; et vous, pères et mères, qui confiez vos enfants à un éducateur qui n'a plus sa liberté, ne comprendriez-vous pas tout votre devoir ? il devient bien grand et terriblement responsable, aussi je vous en conjure, ne courbez plus le front et, au contraire, relevez fièrement*

la tête pour revendiquer votre droit, car il est impres-
criptible puisque vous le tenez de Dieu ; — et à ceux
qui voudraient vous tenir sous le joug, répondez hardi-
ment : « Puisque vous êtes si malins et que vous tenez
absolument à détruire tous les principes du Christianisme, donnez-nous donc les raisons qui vous auto-
risent à nier la divinité du Christ. Est-ce la beauté incomparable de sa morale ? non assurément ; sont-ce ses
principes ? non encore ; serait-ce sa loi ? non, mille
fois non ; eh bien, qu'est-ce donc alors ? Serait-ce par
hasard la scène du Jeudi-Saint, veille de sa mort volontaire sur la croix, où Jésus s'est donné à ses apôtres
en leur disant : « Je suis la vie, et celui qui mangera
« ma chair et boira mon sang aura la vie éternelle. »

Le sacrifice volontaire d'un Dieu fait homme est,
pour toute l'humanité, l'espérance la plus haute et la
plus sublime qui comporte un devoir pour chacun de
nous. Nous allons examiner à quel degré de responsabilité s'engagent ceux qui s'y soustraient volontairement et d'autres involontairement. En général, un
grand nombre de catholiques qui n'accomplissent pas
les troisième et quatrième commandements de l'Eglise
sont des jeunes gens qui, après leur première Communion, n'ayant plus l'exemple dans la famille, se
trouvent au contact des mauvais exemples et, aban-
donnés à leurs propres forces, suivent le tourbillon des
passions : les uns, oubliant complètement leurs devoirs,
absorbés très jeunes aux travaux manuels de toutes
sortes, n'ont plus rien qui les préserve et le plus grand

nombre ne seraient plus capables d'aucun acte de virilité s'il s'agissait d'affirmer leur foi envers Dieu ; ceux-là sont responsables, mais à un degré relatif. Il existe une autre classe dans la société, qui comprend ceux qui ont tous les moyens de s'instruire, c'est à ceux-là qu'incombe la plus grande responsabilité. Ces personnes instruites devraient bien réfléchir que, s'il est indispensable de s'occuper sérieusement de chercher la voie qui doit procurer les ressources nécessaires pour la nourriture du corps et j'ajouterai même que si **par** un travail opiniâtre, honnête et persévérant, le **chef de** famille peut arriver à améliorer sa situation, il ne doit jamais négliger la voie toute tracée par le Christ, la seule que tout être doit suivre comme étant l'unique qui repose l'esprit et le cœur. *Ceux qui, volontairement, s'y soustrairaient ne pourraient invoquer aucune raison suffisamment sérieuse et prouver qu'après examen consciencieux ils ont découvert, avec certitude, que les préceptes et toute la loi du Christ peuvent être, sans crainte, considérés comme purement facultatifs. Pour tenir un pareil langage, il faudrait qu'ils prouvent que le Christ n'a jamais existé ; or cette affirmation n'a jamais été faite et ne sera jamais prouvée.*

Par un troisième fait, je crois très utile de rappeler un épisode ayant trait à des expéditions de bois de pin que je fis exécuter par chemin de fer, dès l'année 1881 et même 1882, pour être débarqués et transbordés en bateaux sur la Seine, à destination de Paris :

L'honorable chef de gare qui recevait mes expéditions

et avec lequel j'ai eu plusieurs entretiens, me confiait, dans l'une de nos conversations, la réflexion qu'un homme du monde, dans la force de l'âge, lui faisait un certain jour : — « Voici, lui disait-il, une grande quantité de bateaux de bois qui serait arrivée à propos au moment où Paris était bloqué par les Prussiens et même trop bien au moment de la Commune, où les révolutionnaires incendiaient pour satisfaire leur haine et sans aucun profit pour eux, et il ajoutait : c'était encore les femmes les plus enragées. Oh ! les misérables pétroleuses ! que leur place eût été bonne dans les brasiers ! » — A mon tour, je pris la parole, me dit cet honnête homme : « Avez-vous bien réfléchi, cher Monsieur, par qui est alimentée la pépinière des pétroleuses et, si vous vouliez bien vous donner la peine de la réflexion, vous reconnaîtriez vite que beaucoup de jeunes hommes qui, comme vous, trop oisifs, n'étant pas eux-mêmes la perfection, oublient trop souvent leurs devoirs, les uns par une triste habitude de ne savoir sortir de leurs couches que bien juste pour prendre le premier repas du matin, ce qui ne devrait jamais arriver à aucune personne, surtout dans la force de l'âge, à moins d'un travail prolongé et très laborieux de la veille ; — en général, tout être, quel qu'il soit et quelle que soit sa situation (s'il comprend bien son devoir), ne doit jamais être un sujet de scandale, même par l'habitude de la mollesse, et cela se produirait fatalement par l'exemple qu'il donnerait surtout à ses inférieurs comme éducation et position sociale ; ce mauvais exemple persévérant atteindrait aussi fatalement leurs auteurs sous beaucoup de phases bien tristes. Vous-même, qui avez une belle situation de fortune, donnez-vous toujours le bon exemple ? n'auriez-vous pas à vous reprocher d'avoir contribué, involontairement, sans vous en douter, à la *fabrication* des pétroleuses ? » Et comme il paraissait disposé à le prendre de très haut, je repris : « Voyons, ne nous fâchons pas, raisonnons et nous pouvons le faire puisque nous nous connaissons de longue date ; nous nous rappelons bien comment chacun de nous a été élevé et, sans vouloir ternir vos ancêtres que, malheureusement, vous avez perdus beaucoup trop tôt, surtout votre mère dont j'ai eu l'honneur de connaître et d'apprécier les excellentes et précieuses qualités, *étant bien pénétré qu'elle vous aurait fait comprendre qu'il est toujours dangereux de fréquenter trop assidument certains théâtres où, presque toujours, l'esprit et les sens s'atrophient et s'empoisonnent par degré à l'insu même de la volonté* — et puisque j'en suis arrivé à parler de votre mère, dont vous aurez conservé un précieux souvenir, qui doit correspondre à sa tendresse infinie, — Dieu doit, dans une limite qu'il ne nous est pas donné d'apprécier, lui permettre de s'intéresser à vous, afin que vous deveniez digne d'elle, comme elle-même, sur cette terre d'épreuves, est restée digne de votre père que vous n'avez que peu connu. J'ajoute, pour honorer sa mémoire, que ses qualités ont été, pour ceux qui ont eu l'honneur de l'apprécier, et surtout pour votre père, un véritable phare lumineux de grandes vertus ; je vous souhaite de choisir une compagne ayant les mêmes qualités, car, ne l'oubliez jamais, la jeune fille bien élevée et dirigée dans les principes de Jésus-Christ sera véritablement la femme forte et de devoir dont parle l'Evangile ; n'en désirez jamais d'autre, car vous pourriez avoir beaucoup de déceptions, à moins, toutefois, que vous ayez assez de patience, de dévouement et d'ascendant pour refaire son éducation, ce qui est trop souvent difficile, pour ne pas dire impossible, surtout quand elle n'a pas été élevée par des père et mère qui, sans être mauvais, n'auraient pas pratiqué eux-mêmes complètement les véritables principes de Jésus-Christ, les seuls qui, par leurs vertus divines et leur beauté incomparable, sont des exemples qui ne s'effacent pas facilement du cœur de l'enfant ; ils sont une sauvegarde pour tous les actes de la lutte dans la vie, et la jeune fille, ainsi bien dirigée, qui unira son existence à un homme honnête, n'aura jamais de ces velléités d'indépendance contraires à la morale, redoutant la maternité plus que de raison, quand il n'existe aucun motif sérieux, mais pour satisfaire purement et simplement des désirs mondains par la fréquentation trop souvent renouvelée des soirées et bals où elle ne se trouvera jamais assez parée pour être remarquée et admirée, et ces admirateurs, qui seraient-ils, sinon des mondains eux-mêmes, et de bien peu de valeur morale ; aussi, est-il indispensable que la jeune fille soit préparée d'avance à des devoirs qui deviendront pour elle une grande satisfaction et non une aversion : certes, il existe des plaisirs permis qui sont même nécessaires, mais il en est qui deviennent pernicieux à tout point de vue, et les tristes résultats dans toutes les classes de la société, sans exception, n'en sont que trop nombreux. — Quant à vous, et malheureusement comme bien d'autres, votre éducation a été trop délaissée et il s'en est suivi (ce qui arrive trop souvent), qu'au lieu d'être bien dirigé et ramené au devoir (quand on s'en écarte), vous avez suivi l'intérêt de vos passions ; aussi, petit à petit, vous êtes-vous lancé dans la voie que l'on désigne généralement la vie des jouisseurs qui est la débauche : elle l'est, non seulement pour l'auteur volontaire, mais aussi pour ceux et celles que l'on entraîne, et il advient fatalement et logiquement que les jeunes personnes que vous entraînez et qui restent quelque temps vos maîtresses sont bientôt délaissées ; la plupart retombent dans le domaine d'un autre jouisseur et suivent fatalement la pente qui les conduit à la misère la plus affreuse. Oh ! alors, ne vous étonnez pas qu'elles aient la haine au cœur et qu'elles saisissent avec empressement l'occasion de se venger ; elles deviennent anarchistes et tout le reste. — Quelle amère réflexion ne feriez-vous pas si vous aviez une sœur qui ait subi une flétrissure semblable à celles dont nous venons de parler ! *Alors, ce que vous désapprouvez certainement de toutes vos forces pour une sœur chérie vous donne une leçon suffisante.*

Il ne suffit donc pas de ne pas être un voleur, c'est-à-dire d'être honnête et charitable (ces deux qualités, vous les possédez, je le sais, et il m'est agréable de vous en rendre justice), *mais encore et surtout, il faut faire son devoir sans faiblesse et quoi qu'il puisse arriver : en un mot, il faut suivre la voie de Jésus-Christ ; hors de là, tout être sur terre, sans aucune exception, est dans une fausse voie, et il est bien à craindre que, nonobstant certaines qualités, il devienne un fruit sec et nuisible ; j'ajoute même que, sans le vouloir, il scandalise toujours plus ou moins, selon sa situation dans la société.*

Je ne suppose pas qu'il puisse exister un homme (s'il est de bonne foi), pour oser affirmer que la leçon donnée par cet honnête chef de gare n'est l'exacte vérité. — Eh bien, alors, soyons logiques avec nous-mêmes : mettons sa leçon en pratique et ne faisons pas comme ceux qui ont des oreilles pour entendre et des yeux pour voir et ne veulent ni entendre ni voir.

Par un quatrième fait qu'il m'a été donné d'apprécier, et en homme libre, ne relevant toujours que de ma conscience devant Dieu, je crois très utile de rappeler ce qui suit, et que chaque personne pourra juger selon sa bonne foi et son libre arbitre.

Ayant connu certaines personnes qui ont disparu de la scène du monde, les quelques relations que j'ai eues avec elles, surtout avec l'une, m'ont permis de la juger favorablement, et m'ont confirmé sur certaines divergences de vues entre le père et le fils :

Le père, qui n'avait reçu qu'une instruction primaire, avait dû, néanmoins, recevoir une bonne éducation, et, comme beaucoup de pères, il résolut de faire instruire et éduquer son fils de façon qu'il fît bonne figure parmi la société. Or, comme ses moyens ne lui permettaient pas de faire les sacrifices nécessaires, il fut aidé et son fils reçut, dans un établissement religieux, une éducation et une instruction complètes. (*Ce fait que je retrace ici n'est pas isolé et il en existe, à ma connaissance, d'autres semblables qui, un jour ou l'autre, auront leur dénouement ; espérons qu'ils seront heureux.*) Restait la vocation qui, dans la pensée du père, était que son fils entrerait dans les ordres ecclésiastiques. Telle ne fut pas la décision du fils qui, après l'achèvement de ses études rhétoriques et philosophiques, préféra l'école de médecine, alléguant à son père que cette situation lui serait plus lucrative, attendu que MM. les curés ne deviennent jamais riches. Le père laissant toute liberté à son fils, celui-ci reprit ses études et arriva au doctorat. — Or, un certain jour, le père, questionnant son fils, lui demanda ce qu'il pensait du résultat de toutes *ses études réunies et si les principes qu'il avait reçus dans l'établissement religieux restaient aussi vivaces dans son cœur qu'autrefois.* (*Le père avait ses raisons pour lui poser cette question.*) Voici la réponse du fils : — « Les années que j'ai passées à l'école de médecine m'ont permis d'apprécier à fond les moindres parcelles de la nature du corps humain et pas plus avec la loupe qu'avec le scalpel et tous les dissèquements possibles, je n'ai réussi à rencontrer une âme ; j'ai donc conclu qu'il n'en existe pas et je ne suis pas le seul, d'ailleurs, je suis plus que sceptique, car j'affirme et je nie. » A cette réponse, le père lui demanda si tous les étudiants étaient de son avis. Il répondit non, il y en a d'avis contraires, mais c'est leur opinion et je n'ai pas à m'en préoccuper. A son tour le père lui répondit : « Eh bien, mon fils, je suis certain, moi, que ceux qui ne sont pas de ton avis sont dans le vrai. Cette solution grave qui, dis-tu, ne te préoccupe pas, préoccupe ton père et, si tu veux bien m'écouter, je vais te poser certaines questions auxquelles il te sera facile de répondre et, avant tout, laissons de côté les sceptiques qui n'affirment et ne nient rien (ce qui est une façon à eux de chercher à s'affranchir de certains de leurs devoirs de conscience et de leur libre arbitre, qu'aucun être ne peut nier, à moins d'être un inconscient ne jouissant pas de toutes ses facultés), je prie pour eux, car ils en ont besoin au même degré que toi-même. *Tout d'abord, réponds-moi bien franchement, en toute liberté, sur deux principales questions :* 1° Crois-tu qu'il existe chez l'homme certaines qualités et qu'il soit libre de les affirmer par des actes ou par des paroles ?

R. — « Je le crois fermement, dit-il.

2° Crois-tu encore qu'il puisse exister dans l'homme certains défauts qu'il peut également affirmer et prouver ?

R. — « Je le sais et je le crois.

« Eh bien, nous allons dans un instant, je l'espère, être parfaitement d'accord et tu reconnaîtras facilement que tu ne pouvais pas rencontrer dans les corps que tu as scalpés et disséqués une âme qui n'est pas matérielle et, par conséquent, invisible, au même degré que les qualités et défauts, lesquels ne s'imposent jamais à l'insu de la volonté qui dérive de l'âme et de la conscience, c'est-à-dire du souffle divin émanant du créateur. Comme démonstration, je résume une partie des qualités que l'homme a toute complète liberté de produire : Justice ; Fraternité ; Devoir ; Dévouement : Reconnaissance ; Héroïsme ; Abnégation ; Amour divin ; Amour humain, honnête, de la famille, du pays ; Pensée, âme, conscience, qui nous éclairent sur nos actions d'honneur et de dignité et nous rendent hommes libres. Remarque bien que toutes ces belles qualités, l'homme a le pouvoir de les produire, comme ayant son libre arbitre ; et la pensée, comme elle est belle ! quand l'homme la veut ; elle plane et s'étend à des horizons infinis ; elle peut instantanément traverser tous les espaces que l'homme a parcourus, quelles qu'en soient les distances. — Je résume maintenant une partie des défauts dont, malheureusement, la nature ne sait pas toujours s'affranchir : Orgueil ; Hypocrisie ; Vanité : Ingratitude ; Paresse ; Jalousie ; Haine ; Médisance ; Vengeance ; Désirs sensuels contraires à l'honneur ; Faux patriotisme ; Traîtres ; Délateurs ; c'est déjà trop et je m'arrête. — *Ces deux résumés de qualités et défauts existent à certains degrés dans la nature humaine et sont absolument immatériels et invisibles comme l'âme dont ils sont les attributs, mais toujours avec la liberté entière d'accepter ce qui est bon et de rejeter ce qui est mauvais.* Ce qui est admirable, c'est que toutes créatures, sauf les idiots, savent discerner et ont leur libre arbitre ; l'auteur des bonnes actions peut les accomplir au grand jour, car il sait qu'elles sont dignes et bienfaisantes pour l'humanité, ce qui est tout le contraire des mauvaises, qui s'exécutent généralement dans les ténèbres, car l'auteur sait qu'elles sont mauvaises et nuisibles, il les dissimule. Aucun être jouissant de ses facultés ne peut nier ces vérités : elles sont immuables ».

J'ignore si la leçon donnée par le père à son fils l'a convaincu immédiatement ; dans tous les cas, le père a bien rempli son devoir, rendons-lui justice. L'un et l'autre ont disparu, le fils étant encore dans la force de l'âge ; toutefois, il s'est rappelé, et cela à son honneur, qu'il avait une âme responsable et a jugé très utile de faire amende honorable en appelant un prêtre quelque temps avant de quitter la vie.

Je désire que cette leçon du père au fils éclaire tous ceux qui en auraient besoin, elle le peut pour le plus grand bien général, et ceux qui ont reçu une instruction et une éducation supérieures au commun des mortels, si ce ne sont pas des vaniteux, ambitieux d'honneurs, flattant les masses pour arriver à leurs désirs, quelquefois inavouables, devraient bien s'inspirer des grandes vérités qui font la base solide des nations et l'honneur des familles. Ils devraient agir, en toutes circonstances, en hommes libres et complètement indépendants et ne jamais craindre d'avoir le courage de leurs opinions ; au besoin, ils devraient remettre à leur véritable place certains agents qui chercheraient à les enrôler où nul ne peut entrer sans se dégrader, car la porte où il faut passer est tellement basse qu'il faut se courber. Quand les intellectuels auront bien compris leurs devoirs, qu'ils commencent tout d'abord à montrer à leurs frères égarés qu'ils sont de véritables catholiques *en se faisant le suprême honneur d'avoir chez eux et à la place la plus honorable le Christ rédempteur du monde, ce qui serait une belle leçon donnée aux pouvoirs publics qui le chassent des écoles et prétoires. Et dire qu'il existe certains hommes ayant de grandes qualités et qui ne sont certainement pas des lâches, mais qui le deviendraient inévitablement devant un imperceptible sourire railleur, qui n'oseraient pas affirmer leur foi au Christ et relever, comme il le mériterait, l'impudent qui se permettrait une goujaterie dont l'auteur, lui-même, n'aurait peut-être conscience que s'il était vertement remis à sa place comme il le mériterait, à moins toutefois que son acte soit satanique, et la leçon serait toujours très à propos.* En vérité, le rouge monte au front en constatant qu'une pareille humiliation était réservée à la France.

Toutes les puissances invoquent le nom de Dieu dans les circonstances solennelles ; la France seule le dédaigne, c'est-à-dire les pouvoirs publics, car la majorité de la nation souffre dans ses sentiments les plus nobles et les plus élevés. Il faut bien le constater, c'est une guerre acharnée contre l'Etre suprême, préparée de longue date par les ennemis du Christ et de la France ; elle est implacable, mais elle prendra fin avant beaucoup de temps, j'en ai le pressentiment ; Dieu sera victorieux et ses ennemis seront confondus. Oui, Dieu possède à l'infini les moyens de confondre ses ennemis, citons un seul fait :

Il est à la connaissance de tous que, depuis longtemps déjà, les sectes juives et franc-maçonnes ont conçu, dans leurs pensées sataniques, qu'il fallait à tout prix envoyer tous les curés à la caserne, pensant bien, par ce moyen infernal, rendre à peu près impossible le recrutement du clergé. Par leur propagande, nous les avons entendu répéter à tout propos : les curés, sac au dos comme tout le monde, point de favoritisme, et ils ont fini par rallier assez de partisans dans les mauvaises couches. Eh bien, ce qu'ils considéraient comme moyen infaillible, se retourne contre eux, et l'on constate, par l'expérience acquise, que tous les abbés qui passent par la caserne font beaucoup de bien : ils donnent l'exemple de toutes les vertus, et presque tous les militaires sortant de familles honnêtes complètent, à leur contact, leur bonne éducation ; ils reconnaissent qu'ils sont leurs supérieurs en toutes vertus, sachant bien qu'au moment décisif où il faudrait payer de leur personne, pas un seul de ces abbés ne reculerait devant le sacrifice de sa vie. — Pourrait-on faire cette affirmation pour tous les militaires de la nation sans exception ? — Non, malheureusement.

S'il est bien vrai que, dans la famille, le chef soit complètement responsable et doive donner l'exemple du devoir qu'il tient du Créateur, dont il devra un jour lui rendre compte, selon son degré de responsabilité dont Dieu seul sera juge, à plus forte raison la société a, elle aussi, le droit et le devoir d'exiger que ceux auxquels elle a confié la belle et noble mission de gouverner le pays fassent également leur devoir et soient complètement responsables de leurs actes. Le sont-ils ceux qui, actuellement, sont investis de cette délicate mission ? Non, et ils peuvent y rester sans aucune crainte ; qu'ils travaillent bien ou mal, nous les payons quand même, c'est inouï, mais c'est ainsi. La responsabilité du Président de la République, des ministres, sénateurs et députés n'existe pas ; aussi nous en voyons de belles et, si cela continuait, la France deviendrait, moralement et physiquement, la dernière des nations.

A moins d'être insensé, tout homme doit admettre que ceux qui sont chargés d'une mission soient responsables, puisqu'ils l'ont acceptée sans aucune réserve. Or, nous voyons des ministres qui ont été chassés comme étant incapables, après avoir fait beaucoup de mal. — *Eh bien, je conclus qu'un certain nombre de Français ne comprennent pas leur devoir.* Nous nommons des députés et sénateurs dont beaucoup sont incapables de remplir leur mandat, un trop grand nombre ne savent se diriger eux-mêmes, surtout ceux qui ont aliéné leur liberté de citoyen au profit de la Franc-Maçonnerie dont ils font partie et à laquelle ils doivent obéir au doigt et à l'œil ; quelle honte ! et quelle triste humiliation ! et nous voudrions qu'ils dirigent sagement et intelligemment les destinées de la France ! Cette prétention n'est pas acceptable, elle est contraire à toute logique. Assurément, des personnes soucieuses de leurs intérêts personnels ne voudraient jamais les confier à un homme qui aurait fait preuve d'incapacité ou d'inconduite ; aussi récoltons-nous ce que nous avons semé. — Oui, notre devoir de père et mère nous donne une grande responsabilité pour l'avenir de nos enfants ; aussi, loin d'abdiquer nos droits sacrés, nous les revendiquons énergiquement et avec persévérance, car enfin il ne s'agit pas seulement des besoins matériels qui sont bien indispensables pour la nourriture du corps, mais aussi et surtout des biens moraux qui fortifient, font l'union des familles et la gloire du pays.

Pour revendiquer nos droits, nous allons prendre, tout d'abord, un parti énergique en nous associant avec toute la nation catholique de France et adresser une réclamation à M. le Ministre de l'instruction publique, formulée comme suit :

Monsieur le Ministre,

Les soussignés, pères et mères de famille de la nation française, vous déclarent qu'étant nés dans la religion catholique, qui est celle de l'immense majorité des Français, ils réclament une liberté qui est leur droit absolu de faire élever leurs enfants comme ils l'ont été eux-mêmes. Premièrement, de faire remettre le Christ à la place d'honneur qu'il occupait, ce premier désir est si ardent qu'il embrase tout notre être ; c'est un cri du cœur qui ne s'éteindra qu'avec nous-mêmes et, en homme honnête, vous devez en comprendre toute l'étendue et les graves conséquences. Deuxièmement, que l'instituteur préside aux prières, et que toute instruction donnée à nos enfants soit conforme à notre religion et en complète harmonie avec le vrai patriotisme de la France ; nous demandons et exigerons également que l'Instituteur ne s'écarte jamais de son rôle d'éducateur et ne soit plus jamais un délateur ou espion au service de gens sans aveu.

Il nous est pénible, Monsieur le Ministre, de vous formuler notre demande dans des termes aussi tristes, mais c'est notre devoir et nous n'y faillirons pas ; oui, c'est bien notre devoir et notre droit, car nous, pères de famille, nous sommes les plus intéressés à leur avenir moral, et, d'ailleurs, c'est bien nous qui payons pour leur éducation Messieurs les Inspecteurs d'Académie, Instituteurs et autres personnes chargées de leur instruction et surveillance morale ; et, en cette qualité, vous reconnaîtrez bien, nous l'espérons, que nous avons voix au chapitre.

Cette affirmation énergique de notre part ne sera pas sans vous être agréable, monsieur le Ministre ; elle vous prouvera que le peuple de France, celui qui, depuis longtemps déjà, est dénommé le peuple souverain, n'ab-

dique pas et qu'il comprend sa dignité. Plus que jamais, il tient à rester toujours honnête, vrai patriote, travailleur infatigable ; avec lui, votre collègue, Monsieur le Ministre de la Justice, n'aura jamais besoin de gendarmes ni de prisons, ce qui est tout le contraire d'une foule de vagabonds qui infestent les grandes villes et tout particulièrement Paris. Nous cherchons en vain quelles peuvent être les raisons qui empêchent M. le Ministre de la Justice de nous débarrasser de tous ces bandits qui s'écartent de plus en plus dans nos communes ; nous trouvons qu'il est bien suffisant de payer nos impôts déjà trop lourds sans être dans l'obligation de contribuer à nourrir *tous ces chenapans, qui certainement devraient être de bons citoyens, si la société dirigeante eût bien compris et accompli tout son devoir, comme nous le démontrerons plus loin, et, quel que soit votre étonnement en face de notre affirmation, nous en acceptons toute la responsabilité. Tous les vols, incendies et déprédations qui, en France, se chiffrent annuellement par environ cinquante millions et peut-être davantage, sont bien les œuvres de ces scélérats.*

Dans notre ingénuité, nous nous disons : puisque la justice de notre pays, telle qu'elle se pratique actuellement, a bien trouvé le moyen de chasser de France des Français et Françaises qui rendaient de grands services aux pauvres gens, il ne doit pas lui être difficile de nous débarrasser des vagabonds et assassins. Vous le voyez, monsieur le Ministre, nous vous parlons bien franchement, et puisque nous sommes à même de vous soumettre nos desiderata, que nous considérons comme notre droit, nous allons, si vous le voulez bien, prolonger cet entretien.

Autrefois, nous, le peuple souverain, nous étions comparés à un troupeau de moutons dociles et faciles à conduire, et peut-être ne connaissez-vous pas cette anecdote que nous allons rappeler :

Un soir, au déclin de la journée, un très bon berger, reconnaissant que son troupeau n'avait pas suffisamment mangé, constatait avec regret, qu'entre lui et son troupeau, un ruisseau les séparait d'un champ recouvert d'une herbe très abondante qui aurait largement complété la nourriture de ses moutons ; il connaissait bien un passage, mais trop éloigné pour le joindre en temps opportun ; en réfléchissant, il lui vint à l'esprit que s'il pouvait avec une ou deux planches faire un pont provisoire, il pourrait, sans trop de difficulté, faire passer son troupeau. Ayant trouvé dans une proche habitation ce qu'il lui fallait, il prit avec lui un seul mouton, un des plus dociles ; ils passèrent tous deux, et, les appelant, toute la bande suivit docilement. — Il faut avouer que ce berger était intelligent et qu'il réussit à merveille. *Eh bien, en comparant le peuple souverain à un troupeau de moutons, ne trouvez-vous pas, Monsieur le Ministre, que la comparaison est tout le contraire du peuple souverain ? Quant à nous, nous reconnaissons purement et simplement que c'est une insulte et nous la relèverons cette insulte en prouvant que, si jusqu'à ce jour, notre trop grande confiance nous a cruellement desservis, nous espérons bien, désormais, être dignes du titre qui nous était décerné en dérision, bien pénétrés que nous serons unis et en parfaite communion d'idées, de principes, avec les descendants des anciennes familles de toutes les classes de la société de notre chère France ; en un mot, avec toute la légion des vrais catholiques qui ont conservé les bienfaisants principes du christianisme ; ceux de nos compatriotes qui s'en seraient écartés, soit par indifférence ou respect humain, ceux-là, nous l'espérons, ne sont peut-être pas si éloignés de son ombrage bienfaisant qu'ils ne puissent y revenir.*

Nous sommes tellement indignés de constater une différence marquée et voulue par ceux qui ont mission et responsabilité de diriger ce que nous considérons à juste titre comme la chose publique de notre pays, que notre patriotisme en est absolument révolté ; forts de notre droit et de notre devoir, nous voulons y mettre un terme ; oui, nous voulons que, désormais, le prêtre et l'instituteur soient l'un et l'autre respectés dans toute la France et rétribués aussi largement qu'il sera nécessaire, car, certainement, ni l'un ni l'autre ne le sont suffisamment ; il faut qu'ils le soient, attendu que l'un et l'autre ont une bien grave responsabilité, celle d'aider efficacement les pères et mères à former leurs enfants pour les préparer à devenir de bons citoyens capables de comprendre leurs devoirs envers Dieu et la France ; le prêtre et tous les éducateurs ont une mission qui est sublime et incomparable — *pour les rétribuer suffisamment, on trouvera facilement des ressources en supprimant graduellement des sinécures inutiles et scandaleuses que nous nous réservons de faire connaître ultérieurement en temps opportun, ainsi que beaucoup d'autres améliorations très utiles et parfaitement réalisables. — Si, comme nous l'espérons, nous réussissons, nous en serons heureux et fiers, attendu que ce sera un joli denier rendu disponible à l'avoir du budget national. — Le prêtre, qui est le continuateur des préceptes du Christ, doit être respecté, sa mission est divine ; l'instituteur doit être également respecté, sa mission est humaine ; et, les deux réunis, doivent être en complète harmonie ; vouloir les rendre antagonistes serait criminel et malheureux pour nos enfants : il en résulterait la ruine de la France.* — Si nous nous demandons quels sont ceux qui auraient intérêt à consommer cette ruine, il est facile de le découvrir ; mais, ce que nous pouvons affirmer, c'est que ceux-là ne sont pas parmi les vrais catholiques. — Le prêtre et l'instituteur sortent tous deux, généralement, du peuple laborieux et honnête, ils sont nos frères et nos compatriotes. — Ceux qui auraient mission de les respecter et protéger chercheraient à les désunir : mais ce serait infâme et il faudrait être insensé ou canaille au dernier degré pour oser travailler à un dessein aussi diabolique. — Eh bien, non ! ce projet, qui a déjà eu un commencement d'exécution, ne s'accomplira pas complètement ; nous allons y mettre un terme, nous en faisons le serment devant Dieu et devant les hommes.

Vrais Français et patriotes, réveillons-nous, et puisque nous constatons le péril, soyons unis et montrons à ceux qui en douteraient que le sang de nos ancêtres coule encore dans nos veines ; arrière, donc, la timidité, ne courbons plus la tête en signe de tristesse, mais, au contraire, relevons-la fièrement, et, debout pour notre dignité, debout pour la grandeur et l'honneur de la France, et, enfin et surtout, debout pour la gloire du Christ.

Vous le voyez, monsieur le Ministre, c'est bien une véritable révolution que nous voulons opérer, mais, ressurez-vous, elle ne fera couler le sang d'aucuns de nos compatriotes ; nous voulons que cette révolution remette en liberté dans notre pays tous ceux qui y ont droit et en même temps rappelle à l'ordre, sans aucune exception, ceux qui anticipent sur les droits d'autrui et qui les dépouillent impunément au mépris de toute justice en les réduisant à la misère et que vous connaissez tout aussi bien que nous ; nous avons désigné les Francs-Maçons et les Juifs qui sont cause qu'un grand nombre de Français et Françaises ont été expulsés de France et réduits à la misère ; mais ils y reviendront, nous l'espérons bien, et peut-être que les rôles seront changés, non pour user de représailles, car les véritables catholiques savent **pardonner** (c'est là leur seule vengeance) ; néanmoins, ils sauront faire tout leur devoir en usant de leurs droits ; n'en doutez pas, car ils savent que parmi leurs compatriotes il existe des travailleurs, tels que cantonniers, facteurs des postes, et encore beaucoup d'autres qui ne sont pas suffisamment rétribués et, par contre, il en existe qui le sont beaucoup trop ; nous sommes convaincus que les finances de la France, réparties équitablement, suffiront bien largement à tous.

Les Sœurs étaient pour le peuple de véritables anges tutélaires : elles élevaient nos enfants et remplaçaient souvent leur mère dès le bas-âge ; elles étaient pour nous de très puissantes auxiliatrices dans la lutte pour la vie spirituelle et temporelle ; elles nous évitaient très souvent des visites de médecin quand nos enfants ou nous-mêmes étions malades ; elles avaient l'expérience que beaucoup d'entre nous n'ont pas. Aussi, sans exagérer, on peut affirmer que cinq fois sur dix, elles nous évitaient des dépenses multiples ; dans les cas graves, elles présidaient aux soins les plus pressés ; nous n'exagérons rien en affirmant que sur les trente-six mille communes de France, vingt mille, au moins, n'ayant qu'un médecin pour cinq à six communes, elles économisaient au peuple de trois à quatre cents francs par chaque commune et elles prévenaient un certain nombre de décès par leur concours prompt et dévoué.

— Voilà une affirmation qui a bien son mérite ; aussi, aucun être de bonne foi ne peut la nier. Or, si cette évaluation est bien l'expression de la vérité, ce chiffre de trois cents francs minimum multiplié par vingt mille communes produit un chiffre très appréciable de six millions qui sont annuellement retirés de la poche du peuple et surtout des plus déshérités parmi les travailleurs : ce qui est absolument scandaleux. — Ainsi, du même coup, les ennemis du peuple lui retirent six millions et, en même temps, chassent les excellentes femmes qui aidaient les parents à élever leurs enfants dans l'amour divin du Christ : c'est absolument satanique.

Dans certaines communes éloignées de quatre à six kilomètres du médecin, il n'est pas toujours facile d'obtenir son concours immédiat ; il peut se faire que le jour où il est demandé il se trouve absent, du côté opposé où il est appelé et il ne peut venir que le lendemain : c'est souvent un peu tard ; et, si c'est un docteur qui fait partie d'un conseil d'arrondissement ou général, ou encore, si c'est un chasseur, son concours devient trop souvent tardif, pour ne pas dire inutile. — Voilà donc le sort qui nous a été légué par les sectes franc-maçonnes qui sont elles-mêmes les alliées des juifs milliardaires, mais qui, sans aucun doute, savent comment il faut payer pour être bien servi, et si nous recherchons les raisons qui président avant tout dans l'esprit satanique de toutes ces persécutions, il nous est facile de les découvrir ; si vous les ignorez, monsieur le Ministre, nous allons vous les faire connaître :

Vous n'ignorez pas que le Christ est venu en ce monde depuis bientôt deux mille ans ; il a affirmé qu'il était Dieu et il l'a prouvé par sa vie toute différente des autres hommes, ensuite, par ses nombreux miracles, par sa mort volontaire et sa résurrection prédite par lui, par son ascension, et, afin de perpétuer sa divine doctrine que tout être de bonne foi et honnête reconnaît sublime et incomparable, il a choisi, non pas des hommes qui avaient étudié les lettres et sciences durant dix ou douze années de leur existence pour qu'ils soient bien préparés aux luttes et aux controverses, mais bien des hommes honnêtes et laborieux parmi le peuple des travailleurs, et le souffle divin dont il les a armés s'est perpétué jusqu'à ce jour, leur affirmant qu'ils seraient persécutés, eux et leurs successeurs, mais jamais vaincus. Or, ceux qui sont actuellement ses persécuteurs véritables ne sont pas d'autres que les francs-maçons, les juifs et une certaine catégorie de protestants.

Eh bien ! nous, le peuple souverain, nous lui demandons, dans notre naïve confiance, qu'il nous donne, comme à nos pères, la force et le courage, et avec lui nous vaincrons, nous en sommes certains.

Quelles que soient les persécutions et les haines sata-niques de l'heure présente, il s'en est bien passé d'au-tres ; nos pères ont eu l'Allemand Luther, en 1483 ; le Français Calvin, en 1509, et cet autre Français Voltaire, en 1694, pour ne rappeler seulement que ces trois or-gueilleux, dont Voltaire, l'un des trois qui n'était pas

*le moins perfide, affirmait son mépris au peuple en dé-
clarant qu'il ne serait jamais bon qu'à manger du foin ;
ils n'ont pu détruire le catholicisme, et il en sera de
même pour l'heure présente et dans la suite des temps.*

*Voyez-vous, monsieur le Ministre, nous avons telle-
ment confiance dans les enseignements du Dieu fait
homme, que nous croyons qu'il suscitera des hommes
capables de régénérer, faire respecter et adorer son saint
nom et que les rangs du peuple fourniront encore leur
contingent comme en étant absolument digne sous tous
rapports ; ils le prouveront d'ailleurs par leurs actes
de justice, de fraternité et d'abnégation, et leur nombre
fera légion, afin qu'il porte promptement de bons fruits.
Il existe déjà un commencement d'exécution par nos
compatriotes dont beaucoup se sacrifient même jusqu'au martyre ; ces exemples n'ouvriraient-ils pas les
yeux des moins clairvoyants, et si nous cherchons des
hommes capables du même héroïsme parmi les sectes
qui veulent détruire le catholicisme, nous n'en trouve-
rons pas et il n'en existera jamais.* Assurément, aucun
homme, quelles que soient son instruction et sa position
sociale, ne pourra oser affirmer, s'il est de bonne foi,
qu'il peut vivre et mourir en toute sécurité sans tenir
compte des préceptes du Christ en les déclarant super-
ficiels ou (sans les juger tels par une neutralité voulue) seront toujours, non un sujet de scandale volontaire, mais, assurément, ils scandaliseront souvent

ceux qui leur seront inférieurs par l'instruction et l'éducation.

Monsieur le Ministre,

Le peuple souverain vient de vous exposer ses revendications : d'abord, sa volonté qu'il considère à juste titre comme son droit absolu, ensuite son appréciation, son désir et son espérance, certain qu'il est d'avoir accompli tout son devoir. Il espère qu'en ce qui vous concerne vous accomplirez le vôtre et vous demande d'agréer l'expression de son respect.

Chers Compatriotes,

C'est un enfant du peuple, comme vous, qui estime faire tout son devoir en vous suggérant les pensées que vous venez d'exprimer respectueusement et dignement à M. le Ministre de l'Instruction publique. Vous serez persévérants, je n'en doute pas, et contribuerez largement à la prospérité et à l'honneur de la France. J'ajoute (pour compléter toute ma pensée) : vous contribuerez à la gloire du Christ et, en même temps, à un très grande amélioration de votre situation spirituelle et matérielle. C'est ma conviction certaine, que je vous affirme comme étant la vérité qui ne peut laisser aucun doute.

Désirant compléter par des arguments irréfutables les conséquences de la mauvaise éducation, je les démontre par plusieurs citations qui en feront constater les conséquences désastreuses. — Prenons, pour exemple, une première Communion. L'enfant qui accomplira ce premier acte avec son Dieu sera heureux d'être accompagné par ses parents et amis ; il comprendra que ce grand acte est indispensable à tout âge ; mais, s'il fait la remarque de certaines abstentions qui se renouvelleraient périodiquement, sa jeune intelligence réfléchira ; il se demandera si ce devoir est bien réellement un devoir de conscience obligatoire, alors son parti sera vite pris si l'exemple ne lui est pas donné par ses père et mère, ou bien encore si, arrivé à l'âge des passions, il n'a pas une véritable et forte éducation pour l'affermir et le protéger, il est bien à craindre qu'il ne voit des exemples de certaines personnes qui, au lieu de l'encourager dans la bonne voie, seront pour lui des sujets de scandales et la cause involontaire qu'il suivra peut-être la pente qui conduit fatalement à tous les excès dont la conséquence sera sa ruine morale et physique. — *Qu'on ne l'oublie jamais, l'enfant qui entre dans l'adolescence est très perspicace, il a l'intuition des pensées de chaque personne qu'il fréquente, on pourrait presque affirmer qu'il a double vue.* Heureux donc ceux qui seront conseillés et dirigés dans la bonne voie, car il y en a deux : la bonne et la mauvaise. Toute personne le sait et chacun devrait persévérer dans la bonne. Malheureusement, il existe certains milieux où les pères et mères, très absorbés par la lutte de la vie matérielle (qui, parfois, frise la misère, oui, ce mot est bien vrai, l'ayant trop souvent constaté moi-même dans certains milieux), ne pourront pas assez surveiller

leurs enfants : alors ceux qui n'auront que de faibles
bons exemples, quand toutefois ils ne seront pas nuls,
chercheront vite l'indépendance ; leurs relations n'étant
pas surveillées, ils suivront, pour la plupart, les désirs
déréglés de leurs sens et, petit à petit, s'y livreront sans
aucun scrupule par la fréquentation des lieux où la débauche coule à pleins bords ; ils chercheront des relations et des liaisons prématurées avec des jeunes filles
de leur localité dont quelques-unes perdront toute pu-
deur et il en résultera fatalement des scandales qui,
pour la plupart, ne seront jamais réparés. Oh ! alors,
il en découlera des misères de toutes sortes, dont l'une,
des plus pénibles, sera le jugement sans appel des enfants contre leurs père et mère. Le voici, ce jugement
épouvantable : Notre père et notre mère n'ont pas fait
leur devoir et, si nous sommes dégradés et tombés si
bas dans la misère et le vice, c'est leur faute : ils ont
été trop faibles, ils auraient dû proscrire du toit pater-
nel tous les livres ou romans plus ou moins séduisants
et immoraux qui y sont entrés et aussi exiger de nous
une occupation par des travaux spirituels et matériels
suivant notre âge, de façon à ne pas devenir des pares-
seux, terrible vice qui engendre tout ce qui conduit à
la ruine morale et physique : en un mot, ils n'ont pas
su nous élever. — Ces malheureux enfants, accusateurs

de l'auteur de leurs jours, ne chercheront peut-être pas
d'autres raisons qui atténueraient la faute de leurs parents : c'est qu'eux-mêmes, ces pauvres parents, auraient été mal dirigés et que la véritable et plus grande
responsabilité remonterait de plus loin et plus haut,
beaucoup plus haut.

A ceux qui oseraient affirmer que cette responsabilité
morale dont je viens de parler s'arrêterait purement et
simplement aux pères et mères dont la triste situation
vient d'être mise à jour, je leur déclare qu'ils ne pourront jamais en faire la preuve ; s'ils l'osaient, qu'ils
essaient, je les en défie ! — S'ils ne le peuvent, peut-
être trouveront-ils plus facilement dans la société ceux
à qui incomberait cette grande responsabilité, car enfin
elle existe, et dans l'intérêt des familles et de la France
il est indispensable d'y remédier ; ce sont tout d'abord
les représentants de la France qui, eux les premiers,
ont le droit et le devoir de promulguer des lois, ou bien
les modifier ou les changer, selon les besoins moraux
et matériels du pays ; en second lieu, il appartient à
M. le Ministre de l'instruction d'émettre son avis. —
S'il veut véritablement et sincèrement faire tout son
devoir, il le peut en déclarant publiquement qu'en ce
qui le concerne il fait droit à la juste réclamation du
peuple souverain et que, désormais, le prêtre et l'instituteur devront, l'un et l'autre, en ce qui les concerne,
travailler dans une parfaite communion d'idées et faire
chacun leur devoir. J'ajoute que le ministre qui ferait
cette fière déclaration aurait bien mérité de son pays

et sa mémoire serait grande parmi la postérité, car,
désormais, les générations ainsi dirigées rendraient à
peu près inutile, pour ne pas dire complètement, les
juges et les prisons ; incontestablement, ce serait un
véritable progrès bien salutaire, puisqu'il serait profi-
table à tous par son action moralisatrice et, en plus,
il aurait l'avantage de diminuer le budget de la France,
ne nécessitant qu'un nombre restreint de juges. Or, depuis une vingtaine d'années, nous constatons tout le
contraire, puisque ce sont les prisons qu'il faut agran-
dir, et encore si tous les malheureux désœuvrés et
assassins à l'occasion, qui sont en liberté dans toute la
France, étaient à leur place véritable, il faudrait encore quelques dizaines de millions pour les abriter et,
en attendant, ce sont des cambriolages et coups de cou-
teaux qui sont les plus grands exploits de tous ces
chenapans, car ils le disent carrément dans leur jar-
gon : « Il nous faut de la galette ». N'est-ce pas une
honte de constater un désarroi aussi complet dans
notre France ; et les responsabilités, que deviennent-
elles ? Il y a pourtant des hommes qui ont une grande
responsabilité et nos représentants ne s'en préoccupent
pas : si cela continuait, ce serait le règne de l'anarchie
dans notre malheureux pays et sa ruine.

*Je tiens à bien démontrer, avec la dernière évidence,
que ceux qui sont responsables de la répression qui
leur incombe n'emploient pas le véritable remède ;
serait-ce leur mentalité qui les rendrait inconscients ?*

car supposer qu'ils le connussent et ne veuillent l'appliquer, serait leur faire une sanglante injure. Je dois en conclure qu'ils ignorent bien véritablement ce remède ; aussi je n'hésite pas, moi, enfant du peuple, à le leur faire connaître en leur posant préalablement cette simple question : — Voulez-vous avouer combien il existe actuellement en France de gredins enfermés dans les prisons et le nombre qui aurait bien mérité également d'y prendre place, si les prisons étaient suffisantes, ce dont je doute fort (à vingt mille près, vous devez le savoir) : serait-ce quatre ou cinq cent mille, **admettons quatre cent mille ? Eh** bien, je vous mets au défi, qui que vous soyez, de prouver que, parmi ces quatre cent mille malheureux, que l'on ne peut s'empêcher de plaindre, il se soit trouvé seulement cinq cents individus, vous entendez bien, je dis 500 individus sur quatre cent mille, qui, au moment de leur incarcération, pratiquaient sincèrement la religion catholique. Voilà une affirmation bien grave et, si je ne me trompe, elle doit être un trait de lumière suffisante, d'un bienfait de premier ordre, pour ceux qui ont mission de moralistion et de l'économie du budget national ; il est unique dans son genre, osons donc l'affirmer. Peut-être beaucoup, parmi ces individus, ont été plus ou moins bien élevés dans les

principes de la religion, mais ils ressemblaient dans le
début à bien des gens qui se disent catholiques et ne le
sont que de nom ; ils le sont, en effet, par leur bap-
tême, mais ils vivent absolument sans la pratiquer,
comme s'ils n'en avaient aucune ; aussi en résulte-t-il
que beaucoup ne tardent pas à tomber au dernier degré
de l'échelle sociale pour aller, de là, dans les prisons
et donner de l'occupation aux juges. — Eh bien, le remède est tout indiqué : que ceux qui comprennent leur
responsabilité s'appliquent sincèrement à élever la nation dans les véritables principes du Christianisme, et
il n'y aura bientôt plus besoin de juges ni de prisons
et, par l'effet de cette moralisation, il y aura des centaines de millions d'économisés. — Que ceux qui sont
d'une religion différente restent libres d'agir selon leur
conscience, c'est leur droit ; mais ce que personne ne
pourra jamais démentir (à moins d'être inconscient ou
de mauvaise foi), c'est que cette affirmation que je fais
au grand jour, devant Dieu et devant les hommes, n'est
pas la vérité ni me. Si elle est la vérité, il faut la suivre
et ne plus s'attarder par des sophismes ou dissertations
enchevêtrées et menteuses de soi-disant neutralité,
n'étant en somme que des fourberies masquant mal les
desseins sataniques ainsi que la haine des Juifs, des
francs-maçons et aussi de certains protestants contre la
religion catholique.

Ce tableau que je viens de produire est bien sombre

sans doute et fait frémir d'indignation, mais il est aussi rempli d'espérance pour tout être d'énergie et de cœur qui a la ferme volonté de vaincre pour Dieu et la France. En remplissant ce grand devoir, chacun de nous travaillera à l'amélioration et au bien spirituel et temporel de ses compatriotes. A ceux qui viendraient nier le contraire, on pourrait leur affirmer et prouver qu'ils se trompent, car il existe des actes suffisamment authentiques et anciens qui en font foi.

Pour bien démontrer et prouver que l'appréciation ci-dessus du chiffre de quatre cent mille malheureux (évaluation approximative) qui encombreraient presque constamment les prisons de France n'est nullement exagéré, tout au contraire, qu'il serait plutôt au-dessous de la vérité, je mets sous les yeux du lecteur le résultat d'un rapport, que je me suis procuré, adressé, le 17 novembre 1905, par M. le garde des sceaux à M. le Président de la République. Dans ce rapport, établi d'après une statistique sérieuse, il est dit que, depuis l'année 1881 à 1905, le nombre des plaintes, procès-verbaux, dénonciations et délits de toute nature est allé en augmentant sans interruption ; ce nombre, qui était de 422 mille en 1881, s'est élevé à 529 mille en 1905, soit une **augmentation de 107 mille ;** *or, si l'on prend la moyenne, on arrive à constater, pour cette période de 24 années, le chiffre effrayant de onze millions quatre cent mille personnes traduites devant les tribunaux et aussi, très probablement, un nombre au moins égal (sinon plus grand) d'autres qui* *y ont échappé, car personne n'ignore que tous ces êtres deviennent experts dans leurs tristes exploits.* — M. le Ministre constate l'insuffisance notoire de la police municipale, l'organisation sommaire de la police rurale, la multiplicité des occupations de la gendarmerie et bien d'autres faits qui sont encore autant de causes contribuant à rendre la surveillance trop souvent illusoire et à laisser les recherches sans effet, — les délits se commettent aussi avec beaucoup plus d'habileté qu'autrefois et les vols (faute d'indices) tendent beaucoup à augmenter. — Voici un aveu nullement rassurant et aussi bien effrayant pour l'avenir de la France. M. le Ministre termine en affirmant qu'il n'oublie pas que si la statistique rend les plus signalés services pour mesurer le degré d'activité des Cours et Tribunaux, elle est aussi le fondement principal de l'étude des *causes sociales de la criminalité* ; à ce titre, il recherche actuellement la méthode de travail qui lui semble la plus propre à satisfaire aux exigences scientifiques modernes et à donner aux comptes généraux de la justice criminelle la valeur d'un document répondant, mieux que par le passé, aux préoccupations de toute nature éveillées par l'étude de la criminalité. Pour réaliser ces réformes, M. le Ministre compte sur le zèle actif et incessant de la magistrature. — *Certes, le concours de la magistrature ne fera jamais défaut ; néanmoins, il en existe un beaucoup plus puissant, le seul absolument et véritablement infaillible — si mon humble avis pouvait être compris, j'en serais très heu-*

reux — le voici sans emphases : Bien pénétré que M. le Ministre a le plus vif désir d'employer les moyens les plus efficaces à la diminution des vols et crimes de toute sorte, je n'hésite pas à lui dire : Faites le nécessaire, car, jusqu'à ce jour, vous n'avez pas encore trouvé le véritable remède que je me permets de vous indiquer, il est unique et infaillible, et veuillez bien reconnaître avec moi que, depuis trop longtemps, l'éducation des catholiques, qui a été entravée odieusement, est beaucoup trop superficielle ; si vos principes étaient opposés à ceux du Christianisme, abdiquez, et que votre successeur catholique favorise l'éducation de la jeunesse de France dans la véritable et salutaire source du Christianisme ; tout ce que vous tenteriez hors de là pour réprimer les crimes en employant la police et les gendarmes serait absolument insuffisant et, quand bien même vous tripleriez les gendarmes et la police, cela n'aurait d'autres résultats que d'accroître de nouvelles dépenses ; au contraire, avec les principes du Christianisme, vous obtiendrez une amélioration considérable ; de ce premier chef, vous réduiriez le budget de la France progressivement de 500 millions et peut-être davantage. En second lieu, vous trouveriez encore bien facilement une réduction absolument utile car, sur les 600 mille fonctionnaires de toute sorte, 400 mille suffiraient largement en exigeant un travail plus assidu, et comme ce ne sont pas ceux qui travaillent le moins qui sont les moins payés, tout au contraire (ce qui est absolument scandaleux), vous

*pourrez encore trouver progressivement une nouvelle
réduction de 500 millions, soit, en chiffre rond, un
milliard, et vous trouveriez encore quelques dizaines
de millions, puisque ceux qui obligent à une surveillance constante de gendarmes et d'agents de police né-
cessitent des dépenses considérables ; c'est pourquoi,
étant enfin ramenés au devoir comme tout bon citoyen,
ils produiraient au lieu de forcer la société à des dépenses multiples ; est-ce logique, oui ou non ? Certes,
ce n'est pas à la légère que je fais cette importante
affirmation, elle est bien sensationnelle et je suis bien
certain qu'elle sera approuvée par des millions de mes
compatriotes comme étant l'expression de la vérité.*
Peut-être pourrez-vous contester cette économie à réaliser, Monsieur le Ministre des Finances, mais vous ne
pourrez jamais prouver quelle n'est pas la vérité et,
d'ailleurs, je n'insiste pas davantage, ne doutant pas que
vous devez comprendre qu'une très grande amélioration est parfaitement possible, si (ce que je ne veux
même pas supposer), vous ne vouliez pas (de parti-
pris) le reconnaître. — Mais où je crois qu'il est de
mon devoir d'insister de la façon la plus énergique,
c'est auprès du véritable peuple souverain et je lui dis :
*Peuple, souviens-toi et n'oublie jamais, jamais, l'affir-
mation qui est faite en ce moment par l'un de tes compatriotes ; sache bien que c'est l'expression de l'exacte
vérité, et quand le moment sera opportun, tu pourras,*

*si tu le veux, par ta coopération loyale et sincère au
bien général, faire cesser ces abus. En agissant ainsi,
tu auras droit à la reconnaissance du pays et cet évé-
nement sera une page glorieuse et d'une bienfaisance
incalculable pour la grandeur et la prospérité de la
France ; tu pourras alors juger si les avis de celui qui
te conseille en ce moment auront été bons à suivre. —
Marche, marche de l'avant, toujours, et ne crains rien,
car tu as pour pilote le successeur du Christ, notre
Saint-Père Pie X, sorti comme toi et comme moi du
véritable peuple souverain ; soyons-en fiers et suivons
son étoile, qui brillera toujours (malgré les sectaires)
pour le bonheur de l'humanité.*

Si M. le Ministre des finances se reconnaissait impuissant à réduire les dépenses excessives du budget
(nonobstant les avis qui lui sont donnés), il devra, en
homme honnête, prendre une décision énergique et
déclarer publiquement que, ne voulant pas conserver
plus longtemps une responsabilité aussi grave, en présence d'un budget de plus de 4 milliards, qu'il se reconnaît impuissant à améliorer, il fait appel aux lumières d'une commission d'hommes de l'opposition qui
auront plein pouvoir (sans aucunes restrictions) de rechercher, par tous les moyens qu'ils jugeront indispensables, s'il ne serait pas possible de réduire notre bud-

get, tout en maintenant les dépenses reconnues urgentes. principalement celles affectées aux armées de terre et de mer, et augmenter même (très sérieusement) nos forces navales, et aussi voter les fonds indispensables aux besoins de nos concitoyens dont, de l'avis général, un grand nombre en sont bien dignes. — *J'ignore quelle détermination prendra M. le Ministre, mais, s'il ne jugeait pas utile de recourir aux lumières d'hommes compétents en pareilles matières, le peuple souverain, libre et indépendant, userait de son droit et il ferait son devoir en lui disant, sans détours : Monsieur le Ministre, quelles que soient vos lumières et vos dispositions loyales de mener à bien la charge que vous avez acceptée, vous pourriez vous tromper et même et surtout être très mal secondé par vos collaborateurs ; vous devez bien admettre que des hommes honnêtes, capables et bons patriotes ne sont pas rares, la France en possède encore, Dieu merci ; il faut leur confier votre grande responsabilité, s'ils veulent bien s'en charger. C'est seulement par cet acte que vous prouverez votre loyal désir du bien général. Le peuple souverain est bien pénétré que, tout en vous respectant, il doit désormais s'associer énergiquement de tout cœur aux nobles destinées de son pays.*

Il me vient à l'esprit certaines pensées relatives à la mentalité de la généralité des catholiques, mes compatriotes, et je ne résiste pas au désir de les formuler, afin que, par la lecture, ils les apprécient et les jugent en toute indépendance :

Il existe trois catégories de catholiques : *Premièrement*, ceux qui suivent consciencieusement les préceptes du Christ et toute sa loi, ceux-ci ne sont malheureusement que le petit nombre ; ils ont été bien élevés
et ont parfaitement compris que celui qui n'est pas en
complète harmonie avec le Christ est (sans même qu'il
s'en doute) contre lui ; car, dans la lutte de la vie, il
pourrait manquer de la sainte énergie pour supprimer
certains désirs matériels de la bête plus ou moins mauvaise qui existe en toutes créatures et qui, néanmoins,
peut être domptée en invoquant le secours divin ; tous,
nous en avons l'entière liberté. — Si le grand empe-
reur Napoléon Ier, dont le génie fut supérieur et trans-
cendant, s'était toujours bien inspiré des principes du
Christ, il n'aurait pas commis la grande faute qui l'a
perdu et qui perdra également tous ceux qui voudront
l'imiter en attentant aux pouvoirs spirituels des successeurs de Jésus-Christ.

Deuxièmement, ceux qui n'ayant pas complètement
rompu avec leurs principes conservent une certaine dignité, mais, n'ayant pas le courage de s'affranchir de
beaucoup de misères inhérentes à la nature, vivent et
cherchent à s'étourdir en se disant qu'ils ne sont pas
les seuls et remettent à plus tard leur délivrance, car,
au fond, ils savent qu'ils ne font pas leur devoir, ne
se doutant pas qu'ils sont tous, plus ou moins, des sujets de scandales très nombreux.

Troisièmement, ceux qui, ayant manqué d'être bien dirigés ou bien que, l'ayant été, ont laissé entrer l'orgueil dans leur cœur avec tout le cortège des passions, ayant fait litière de leurs devoirs, deviennent des êtres qui s'abrutissent et sont capables de tous les excès ; ils descendent au-dessous de l'animal ; *ce sont eux qui sont en permanence le fléau de la société.* J'ai souvent entendu dire que, pour ces êtres, il n'y avait rien à faire, que ce serait peine perdue ; ce langage est absolument faux, car, plus ou moins, on peut obtenir une amélioration, à la condition de saper le mal dans sa racine — pour la plupart de ces malheureux, il n'existe que deux craintes, les gendarmes et les agents de police ; aussi s'ingénient-ils, par toutes sortes d'inventions diaboliques, à devenir plus raffinés et experts dans leurs crimes, et ils ne réussissent que trop souvent ; ces malheureux ne sont pas arrivés d'un seul bond dans cet état de perversité ; ce n'est que petit à petit qu'ils sont descendus au dernier degré de l'échelle sociale ; un certain nombre ont ce triste héritage dans l'origine de la famille (*car, il n'y a pas à s'y tromper, il existe des familles qui ont une origine ou atavisme déplorable, qui se transmet de père en fils et qui ne peut s'effacer que par le secours des principes du christianisme*). **Il n'y a pas d'illusions à se faire, le christianisme est le seul remède ;** *ses principes auront le pouvoir de rénovation ; ils détruiront tous les mauvais germes enracinés au cœur de ces malheureux : haine, hypocrisie,* *ingratitude, jalousie, vengeance, orgueil, paresse, médisance, délation, pensées mauvaises ; tous ces vices seront détruits et remplacés par* **la justice, la fraternité et le devoir,** *en un mot, l'être qui était un sujet de répulsion et dangereux deviendra bon catholique, bon Français et bon citoyen dans toute l'acception du mot.* Pour arriver à ce précieux résultat, je vais de nouveau, un peu plus loin, bien accentuer ma manière de voir : Catholiques de la première et deuxième catégorie, dont je viens de parler plus haut, tous, qui que nous soyons, faisons bien notre devoir, et, surtout, exigeons que ceux qui ont reçu mission de diriger les destinées du pays le fassent également ; que le chef d'Etat, les ministres, sénateurs et députés ne s'illusionnent pas et qu'ils n'espèrent pas que les vertus civiques que l'on proclame à tout propos, et hors de propos, ne s'écloront jamais que par les vrais principes du christianisme ; hors de là, il n'y aura que misères et ruines et la criminalité progresserait, comme cela a été démontré de 1881 à 1905, par une statistique de M. le Ministre Chaumié à M. le Président de la République Loubet, lequel, affirmons-le, en passant, n'a pas compris son devoir ; il était trop empressé à encaisser ses cent mille francs par chaque mois, et il a oublié, le pauvre homme, de rechercher l'amélioration morale et physique de ses compatriotes, et, dans dix ans, ce ne serait plus 500.000 mauvais garnements qui encombreraient les prisons, mais le double et peut-être plus. — Voici mon remède, qui est assez simple, comme on en pourra juger : — L'enfant ne devra être confié qu'à des professeurs, instituteurs et institutrices catholiques, d'une grande moralité, jouissant de l'estime publique ; par l'attitude et la tenue des enfants, il sera facile aux maîtres et maîtresses de découvrir la mentalité des pères et mères, et, en étant en complète harmonie de sentiments avec le curé de la paroisse, n'ayant ensemble qu'un seul but, c'est-à-dire l'avenir moral des enfants, ils pourront, soit par eux-mêmes, ou, au besoin, si cela devenait absolument nécessaire, prévenir l'inspecteur d'Académie qui pourrait déléguer des personnes compétentes et avec certains ménagements, et, quoi qu'il arrive, ne devrait jamais exclure la fermeté du vrai et sincère amour du prochain, en rappelant au devoir les parents qui, peut-être, ne l'auraient jamais compris, par une raison bien simple, c'est qu'on ne leur aurait jamais fait comprendre. J'entends bien certains individus qui vont crier : Ah ! c'est trop fort, vous voulez donc vous substituer aux pères et mères ? Mais, oui, certainement, ce serait un droit et un grand devoir à remplir si la bonne éducation donnée aux enfants était détruite, même involontairement, par les mauvais exemples dans la famille. Malheureusement, il s'en trouve, de ces familles dont les parents arrivent difficilement à subsister ; les uns, par défaut d'une santé robuste, dérivant trop souvent d'inconduite et de débauche ; les autres, par suite d'une nombreuse famille ou accidents ; alors, une grande gêne, qui est source de la misère, devient mauvaise conseillère, fai-

sant presque toujours naître la haine et la jalousie ;
les enfants élevés dans un tel milieu seraient bien à
plaindre s'ils n'étaient secourus ; assurément, le plus
grand nombre tourneraient mal et deviendraient des vagabonds. — *Eh bien, oui, encore une fois, j'affirme que
la société a l'obligation et le devoir de venir en aide à
ces déshérités de la vie ; elle doit le faire moralement,
pécuniairement et aussi largement qu'il sera nécessaire;
rien ne devra être épargné pour sortir de ce gouffre
pestilentiel nos malheureux compatriotes.* J'ai la certitude que ces familles, ainsi secourues, deviendraient
honnêtes et reconnaissantes — en agissant ainsi, tous
les vrais et bons Français feront véritablement leur devoir et détruiront la pépinière des crimes de toute
sorte, même de ceux dont les lois de la société n'ont
aucun pouvoir de sanction et qui sont une des causes
principales de la stérilité volontaire pour ceux qui ont
su conserver une santé robuste, et involontaire pour
ceux qui se sont perdus par la débauche ; attendu qu'un
très grand nombre de pères et mères, étant constamment aux prises avec les besoins matériels de la vie,
qui sont parfois pénibles, limitent le nombre de leurs
enfants ; sur ce grave sujet, il existe beaucoup de
crimes de toute sorte et, si on peut admettre des circonstances atténuantes pour les cas qui précèdent, pour
beaucoup d'autres, dans certaines classes de la société,
il n'y en a pas ou peu ; on ne peut donc que constater
l'oubli des principes du christianisme. Que ceux qui
ont mission et autorité de direction dans ce qui peut le-

concerner veuillent donc bien se donner la peine de la réflexion, ils jugeront si mes conseils sont bons à suivre : si oui, qu'ils agissent sans aucun retard et ils auront bien rempli leur devoir ; s'ils jugeaient que je me suis trompé et qu'il existe un autre moyen plus facile et plus efficace que celui que je propose, qu'ils le proclament et le fassent exécuter, mais ce que j'affirme, c'est que nul être au monde, quel qu'il soit et d'où qu'il vienne, ne pourra jamais prouver qu'une prompte et salutaire décision ne s'impose pour sortir de l'infecte bourbier un grand nombre de nos compatriotes, *à la seule pensée que ceux auxquels incombe, avant tout, cette régénération morale, ne l'aient pas encore mise à exécution et même entravée volontairement, m'attriste profondément et m'indigne au suprême degré ; je me demande de quelle pâte sont pétris ces hommes dont certains s'occupent avant tout de leur personne jusqu'à attraper des indigestions dans les bons dîners, tandis qu'un très grand nombre de bons travailleurs sont dans l'obligation de se priver de beaucoup de choses utiles pour élever leur famille.* — Que le lecteur, quel qu'il soit, veuille bien m'excuser si j'affirme des vérités aussi crûment, mais j'ai une ambition tellement grande que je crois devoir parler avec entière indépendance pour être parfaitement compris de tous mes compatriotes sans aucune exception.

Maintenant, si la réflexion vient à l'idée du lecteur de se demander si

l'auteur de cette brochure a qualité pour se poser en moraliste, je lui répondrai bien franchement que c'est un enfant du peuple de France, qui, lui aussi, a ses imperfections, qu'il les reconnaît et le confesse humblement; aussi, pour se relever dans la dignité que toute personne doit désirer, il s'adresse à la seule et véritable source du christianisme, et s'il peut, par ses avis et conseils, faire quelque bien, que Dieu en soit loué.

Pensées et Réflexions philosophiques

Le relèvement moral et physique d'une nation peut être comparé à un reboisement, lequel, opéré intelligemment, amènerait certainement un résultat assuré et productif d'une forêt qui aurait été très mal administrée durant l'espace de deux coupes de taillis successives, aménagées de 25 à 35 ans, soit dans l'espace de 50 à 70 ans, se trouvant très compromise, pourrait être reboisée avec intelligence et persévérance. Toutes personnes compétentes peuvent affirmer et prouver qu'une forêt, quelle qu'ait été sa situation privilégiée et florissante, peut être à peu près détruite si elle est insuffisamment administrée ; en effet, si les bons soins essentiels et indispensables à sa conservation ne sont appropriés avec sagesse et intelligence en temps opportun, elle sera gravement compromise et, à la place de taillis et pousses vigoureuses, s'élèveraient des bruyères et toutes espèces d'herbes parasites, lesquelles amèneraient à bref délai sa complète destruction ; — il est donc essentiel et absolument indispensable que des soins utiles soient apportés à chaque coupe de taillis, tous les 25 ou 35 ans, suivant leur aménagement ; — s'ils sont bien compris et si les instructions du conservateur des forêts, qui, lui-même les reçoit du directeur général, sont parfaitement appliquées, tous les produits atteindront leur apogée à chaque période d'exploitation. — En général, l'exploitation des forêts aménagées en taillis nécessite quelques assainissements ; la coupe de bois bien comprise ne doit jamais permettre le séjour de l'eau permanent sur les souches, qui doivent être bien rasées, ayant une forme convexe et jamais concave. Suivant la nature du sol, il suffira dans les parties relativement saines d'établir de petites rigoles, dénommées sangsues, qui déverseront le trop plein des eaux dans les valonnements ; dans d'autres, et surtout dans les sous-sols argileux, il sera nécessaire d'établir quelques petits fossés qui conduiront les eaux aux valonnements naturels (*mais ce que les bons forestiers ne devront jamais perdre de vue, c'est d'éviter les assainissements exagérés, attendu que toutes les plantes forestières réclament une abondante fraîcheur, — un sol trop assaini compromettrait gravement leur végétation).* — Dans tous les sols, on peut apporter une très grande amélioration par des semis ou plantations de pins sylvestres ; cette essence peut résister aux plus grands froids, ils produisent un bois qui est propice au chauffage de la boulangerie, il s'emploie beaucoup dans les mines et est très utilisé aux poteaux télégraphiques et, s'il y avait surabondance, il trouverait son emploi dans la fabrication du papier ; chaque année, il quitte ses feuilles, dénommées aiguilles, lesquelles, après une période d'un demi-siècle, forment un humus très fécond, qui atteint une épaisseur d'environ cinq centimètres, ce qui constitue, en un siècle, un exhaussement du sol de dix centimètres ; un sol ingrat serait donc sensiblement amélioré en plusieurs siècles. Elle a aussi la propriété de préserver les bois feuillus des gelées printanières et d'automne qui se produisent à certaines années dans les sous-sols froids et trop argileux, ces gelées sont un véritable fléau pour les bois feuillus. Les pinières de pin sylvestre peuvent se reproduire par leurs graines, comme les futaies de chêne, dans certains sols, par leurs glands. Il m'a été donné d'apprécier dans des pinières d'environ 50 à 60 ans d'âge des glands plantés naturellement par les oiseaux et qui se sont développés avec une vigueur extraordinaire, l'humus des pins leur ayant procuré cette magnifique végétation. Il est désirable que des semis de pins soient exécutés presque généralement dans toutes les coupes de taillis, et cette opération devra se faire préalablement à l'abatage des bois ; le terrain sera suffisamment foulé aux pieds par les ouvriers bûcherons qui exploiteront et ensuite par les chevaux et voitures nécessaires à l'enlèvement des produits, la germination des graines en sera ainsi plus facilitée. Dans toutes les parties de forêts où il s'élèvera des pins, la végétation des bois feuillus s'accentuera progressivement et atteindra des proportions anormales.

Sur les 34 mille hectares environ qu'occupe la forêt d'Orléans, l'une des plus étendues de la France, une notable partie produit de beaux taillis, et on y rencontre des chênes centenaires d'une très belle végétation ; dans certains endroits, les arbres donnent de belles espérances, *et si depuis quelques siècles leur végétation se fût développée concurremment aux pins, taillis et futaies y eussent gagné sensiblement* (ici je ne résiste pas au désir de signaler une propriété limitrophe de la forêt d'Orléans, située sur la commune de Vrigny (Loiret), appartenant à l'honorable M. du Hamel de Fougeroux, qui possède un parc dans lequel se trouvent des arbres d'environ cinq à sept siècles, notamment des chênes, dont quelques-uns ont jusqu'à cinq mètres de circonférence, cubant six à quinze mètres cubes au quart ; ce sont des géants qui ont vu passer des générations. Ces arbres sont dans un excellent terrain, qui a été amélioré par le concours des pins. Il y a également des cèdres, dont le plus âgé atteint près de six mètres de circonférence. Cet arbre est le frère de celui du Jardin des Plantes de Paris, importé d'Angleterre, en 1740, par M. de Jussieu, naturaliste distingué, qui en a fait don à M. du Hamel de Fougeroux, grand-oncle de l'honorable propriétaire du château de Vrigny ; ce cèdre a été gelé par l'hiver rigoureux de 1879-1880 ; un autre, ayant été protégé par des massifs, mesure cinq mètres de circonférence sur quinze à seize mètres d'élévation et est presque unique dans son genre. En résumé, les arbres renfermés dans ce parc font l'admiration des connaisseurs et ont bien peu de rivaux). — Toutes personnes compétentes reconnaîtront, je l'espère, le bien-fondé des moyens indiqués ci-dessus pour la conservation et l'amélioration des forêts, *mais ce sera à une condition absolument essentielle, celle de ne jamais permettre au gibier rongeur d'y pénétrer (j'ai désigné le lapin) et d'y rester en permanence.* — Le lapin est, pour les forêts, ce que les sectes juives, francs-maçonnes et certains mauvais protestants sont pour les nations ; elles les compromettent d'abord pour les détruire ensuite. Cette affirmation n'est que trop vraie, et actuellement, la France en subit les tristes effets ; toutefois, elle reprendra son rôle dans le monde et j'ai le pressentiment que sa mission marchera à pas de géant, et cela dans un avenir non éloigné. Eh bien donc, si le divin Créateur a donné à l'homme les moyens d'apporter pour les forêts d'aussi belles et utiles améliorations, qui, d'ailleurs, s'étendent à une infinité d'autres dans l'ordre matériel, comment ne lui aurait-il pas donné aussi, et avec plus forte raison, les moyens de s'améliorer, je dirai plus, de se diviniser dans l'ordre moral ? Qui oserait nier le contraire ? aucun homme sensé et réfléchi ne pourrait le faire. J'en conclus que si Dieu a donné à sa créature l'intuition qu'il devait choisir des compatriotes ayant toutes qualités pour être conservateurs des forêts, qui, eux-mêmes, reçoivent leurs instructions d'un directeur général, *il a aussi et surtout voulu, dans l'intérêt de la nature humaine, qu'il existe sur terre, jusqu'à la fin des siècles, un véritable directeur des principes du Christ*, et s'il m'était demandé pour quelle raison l'une des trois personnes en Dieu n'a apparu sur terre qu'environ quatre mille ans après la création du monde, je répondrais que c'est le secret de l'Etre suprême et que nous ne pouvons que nous incliner ; mais ce que l'on ne peut contester, attendu que l'histoire en donne la preuve, c'est qu'avant l'apparition du Christ sur la terre, des millions d'êtres ont été martyrisés avec des raffinements de cruauté tels que la plume se refuse à les décrire. Ces actes de cruauté se sont accomplis principalement à Rome, capitale de l'Italie. Il y a encore eu, après la révélation, beaucoup de luttes, des dévastations et des martyrs ; mais si aujourd'hui la paix n'est pas encore complète, on peut affirmer que le siège des calamités a été transformé par les lumières et les bienfaits du Christianisme, dont l'univers entier rend justice envers les successeurs des apôtres qui, loin d'être considérés comme étrangers, sont, au contraire, vénérés comme pères et pasteurs spirituels de l'univers entier, dont saint Pierre a été le premier ministre et auquel Jésus a déclaré qu'il serait lui et ses successeurs la pierre fondamentale jusqu'à la consommation des siècles et qu'aucune puissance ne prévaudrait contre sa divine loi. *J'y crois et ai l'honneur d'être en compagnie de centaines de millions d'êtres raisonnables partageant mes croyances. Pour ces légions, point n'est besoin de gendarmes ni d'agents de police pour les diriger dans le chemin de l'honnêteté, du devoir et aussi, conséquemment, point n'est besoin de juges ni de prisons. — Est-elle vraie, oui ou non, cette affirmation ? Et qui oserait la contester ? Certes, on peut affirmer que celui qui chercherait à nier cette vérité serait un être inconscient à qui il faudrait pardonner, ou bien ce serait un fourbe.* — J'ai déjà exprimé mes pensées à MM. les Ministres de l'instruction, de la justice et des finances, leur indiquant les moyens certains de réduire *progressivement* le budget de la France de plus d'un milliard, et l'affirmation qui précède en est bien une nouvelle preuve absolue. Pour prouver le contraire, il faudrait, en effet, démontrer qu'il n'existe pas 500,000 individus poursuivis annuellement pour crimes ou malversations de toutes sortes et, en outre, *un nombre au moins égal* qui, par ses raffinements de scélératesse, échappe à toute surveillance, ce qui constitue des dépenses multiples qu'il serait oiseux d'énumérer, mais que l'on doit évaluer, sans exagération, à 500 millions au minimum. D'un autre côté, je rappelle, encore une fois, qu'il est utile de diminuer successivement, et sans rien brusquer, plus de 200 mille employés, dont un grand nombre sont bien inutiles dans les rouages administratifs ; enfin cette autre affirmation où je démontre que l'on a trouvé le moyen de soutirer de la poche des travailleurs, sur toute l'étendue de la France, au moins six millions au minimum, ce qui n'exclut en rien toutes les déprédations, vols et incendies qui peuvent être évalués à environ 50 millions et dont les auteurs ne sont autres que tous les repris de justice à différents degrés. Ce qui est vraiment effrayant, c'est que nos représentants, qui devraient, par leur autorité et leur responsabilité, donner l'exemple de l'économie, sont les premiers à dilapider les ressources de la France, soit par des affichages de discours n'étant pas à leur honneur, soit en s'appropriant des émoluments auxquels ils n'ont aucun droit. L'auteur de cette petite brochure a bien eu, dès l'année 1902, à la date du 15 février, une pensée de rétribution convenable et digne pour les représentants du pays. *en fixant cette rétribution au chiffre de 18 mille francs, mais conditionnellement*, et il croit bon de rappeler le vœu qu'il émettait par la publication d'un petit opuscule ; le voici rapporté textuellement dans un passage qui en fait foi : *Soyons de bonne foi et sachons choisir nos députés, car d'eux seuls dépendront les destinées de la France.* Si l'on voulait bien m'écouter, voici ce que je conseillerais :

1° *Puisque, règle générale, tout candidat aspirant à*

*un emploi quelconque ne peut être admis qu'après
l'examen sérieux de personnes compétentes, je vou-
drais qu'il en fût de même principalement pour les députés, ce qui serait absolument logique ; combien alors
d'ambitieux, d'intrigants et de politiciens incapables
seraient éliminés, et quelle bonne et salutaire opération.*

2° Qu'au lieu de cinq députés en moyenne par dépar-
tement (sauf ceux de la Seine et du Nord), il n'en soit
plus admis que deux, mais avec un traitement de
18,000 francs au lieu de 9,000 francs ; en agissant de
la sorte, il y aurait même une économie, et ce serait
justice de bien rétribuer nos mandataires qui travail-
leraient en toute conscience, sans rechercher aucun
cumul, étant, de tout cœur, consacrés à leur grande
et noble tâche.

Que l'on ne vienne pas dire que ce que je propose est
difficile, je ne le crois pas, étant donné surtout que
MM. les conseillers généraux ont mission d'élaborer
toutes les grandes questions d'intérêt local, ce qui faci-
lite beaucoup la tâche des députés. Leur nombre étant
ainsi restreint, nous n'aurions plus la quantité, mais,
par un bon choix, la qualité. Nous verrions avec un
légitime orgueil des hommes devenir la gloire de notre
pays ; il est vrai qu'ils auraient à travailler davantage,
mais ce serait leur rôle glorieux de bien étudier les
grandes questions qui permettraient à la France de
lutter avantageusement contre ses rivales. Il y aurait,
entre autres questions, celle des voies navigables ; *le
canal des deux mers, l'unification des canaux et la na-*

rigabilité des grands fleuves, qui procureraient tous les transports à bien meilleur compte que sur les voies ferrées. — Selon moi, nos mandataires feraient bien, en arrivant au pouvoir, de promulguer une loi ainsi conçue : « Tout député aura le droit de parole à la tribune et jamais il ne pourra le lui être refusé ni retiré ; nul ne pourra l'interrompre, sous peine d'être immédiatement expulsé de la Chambre et frappé d'une forte amende ; en un mot, chaque député pourrait, sous sa responsabilité entière, dire toutes les vérités, excepté celles pouvant compromettre la sécurité de la nation » : *avec une loi ainsi faite, nous ne verrions plus les spectacles lamentables qui sont la honte du parlement français.*

Il faut bien avoir le courage de dire la vérité : tout Français qui aime son pays, comme cela doit être, et qui voudrait voir la France marcher à la tête des nations, tenant haut et ferme le flambeau de la justice et de la charité, est bien humilié et sent le rouge lui monter au front en constatant que nos mandataires, qui devraient s'aimer et s'estimer comme des frères, présentent un spectacle de désunion complète. Quant à moi, je les plains, car ceux qui sont liés à la Franc-Maçonnerie ne peuvent plus agir librement ; ils ne voient pas ou ne veulent pas voir ce qui se passe dans plus d'une commune ; ce sont de malheureux travailleurs terrassés par la maladie ou les accidents, ne pouvant plus subvenir aux besoins de leur famille et qui sont alors secourus par leurs compatriotes ; ces admirables actes de charité et de fraternité ne leur ouvrent pas les yeux, mais le jour viendra où ce seront les descendants de ces honnètes travailleurs qui iront les remplacer à la Chambre.

Que nos mandataires honnètes et patriotes ne craignent donc jamais d'affirmer, dans n'importe quelles circonstances, que le drapeau de la France ne fait qu'un avec celui du christianisme, dont la devise est de nous aimer et de nous pardonner mutuellement les uns les autres, sans nous occuper de quel parti nous sommes, et qu'ils soient bien pénétrés que dans cette noble affirmation, ils seront en communion d'idées avec l'âme de la France.

Un fait très regrettable qui vient de se passer tout récemment (*intitulé par les journaux : Scandale de Bourges*), prouve surabondamment que parmi nos députés, il en existe qui ont une singulière conception de la justice et du devoir. Ainsi, M. Dufour, maire d'Issoudun, non satisfait des six mille francs qu'il s'est octroyés en compagnie de gens comme lui, peu scrupuleux, a encore eu recours à une opération qui prouve que leurs consciences sont bien élastiques. Si ce Monsieur comprenait bien sa situation, il ne devrait pas attendre sa révocation de maire et de député : son devoir serait de faire amende honorable, en se désistant des deux places dont il est indigne ; peut-être ferait-il faire un retour sur la conscience de ses associés : ce serait un acte méritoire dont la société lui tiendrait certainement compte. Des actes aussi blâmables, donnant de si tristes exemples, sont peut-être plus fréquents qu'on ne le supposerait, sur toute l'étendue du pays, et, s'il en était ainsi, ce seraient des millions qui grèveraient notre budget, au détriment des travailleurs honnêtes : ils se rencontrent bien rarement (pour ne pas dire jamais), parmi les véritables et sincères catholiques ; osons l'affirmer et proclamons-le bien haut.

Ayant exprimé mes pensées et affirmations à Messieurs les Ministres de l'Instruction, de la Justice et des Finances, je vais les compléter maintenant à M. le Président du Conseil des Ministres et lui dire :

Monsieur le Ministre, il vous est facile de juger, au moins sur certains points, le Français qui vient de vous retracer ce qu'il pensait et déclarait par écrit, le 15 février 1902 : il n'a pas changé, et, estimant encore faire son devoir en s'adressant respectueusement à votre personne, il vous dit :

Vous avez eu des raisons bien sérieuses et de la plus haute importance pour avoir assumé la charge que vous avez acceptée avec toutes ses conséquences ; assurément, il faut être doué d'une volonté à toute épreuve, secondée d'une vaste intelligence, mais aussi et non moins d'une grande honnêteté : qualités indispensables pour arriver à un résultat heureux ; avec ces qualités, et quelles que soient les erreurs antérieures d'un mortel, l'homme qui sait se grandir par l'invocation aux lumières du Créateur recevra un accroissement à ses facultés et aura chance de réussir dans sa tâche, quelle qu'en soit la difficulté ; mais, celui qui, se supposant assez fort, aurait la prétention de se croire infaillible pour mener à bien toutes charges, quelles qu'elles soient, en négliegant les lumières du divin Créateur, celui-là pourrait peut-être échouer lamentablement comme beaucoup d'autres qui l'ont précédé depuis dix-neuf siècles et dont l'histoire en fait foi, et cela nonobstant leur intelligence et leur génie.

Si celui qui a l'honneur de vous entretenir avait qualité pour vous faire une proposition qui dût éclairer, régulariser et dissiper certaines craintes d'intérêts généraux, intéressant gravement les *intérêts* moraux et matériels de la France, il vous dirait :

Monsieur le Ministre, mon expérience et aussi mes sentiments de patriotisme me font un devoir rigoureux de vous demander un entretien où chacun de nous exposera loyalement ses vues et raisons ; il en sortira une lumière que nous pourrons apprécier en toute liberté d'indépendance. A l'avance, je vous donne ma parole d'honneur de Français que, si vous me convainquiez sur certains points, qui, à première vue et avant vos raisons, ne sont pas les miens, je me rangerais à votre avis ; si, au contraire, mes arguments avaient le pouvoir de vous convaincre, veuillez, de votre côté, me donner votre parole d'honneur que vous vous rangeriez à mes idées ; je suis certain que vous reconnaîtrez ma proposition entièrement loyale. — Or, ce que votre serviteur ne peut faire, d'autres peuvent s'en charger et sans aucune humiliation pour votre haute situation ;

je ne sais si je me fais illusion, mais je crois que l'un des princes de l'Eglise catholique pourrait accepter ces controverses qui, présentées loyalement, feraient honneur aux auteurs en prouvant leurs désirs honnêtes et patriotiques. — L'heure est grave et solennelle pour ceux qui réfléchissent et comprennent ; il n'y a aucune illusion à se faire ; la lutte qui apparaît peut avoir des conséquences très graves. — Au progrès du mal, nous devons faire notre devoir avec une invincible persévérance pour faire prévaloir, envers et contre tous, les progrès du bien ; *et il n'y aura d'efficacité complète, qu'à la condition d'une union vraie et sincère entre le vrai patriotisme et le catholicisme. — Tout ce que l'on ferait en dehors de ces principes serait vain et illusoire et aurait pour résultat d'affaiblir la France en face de ses ennemis.*

Monsieur le Ministre, ce que je viens d'exposer, dérivant du titre (relèvement moral et physique d'une nation comparée à une forêt), me suggère de nouvelles pensées philosophiques que vous me permettrez de vous exposer et que vous aurez toute liberté d'apprécier :

J'ai été amené à déclarer dans mon exposé que, s'il m'était demandé pour quelles raisons la révélation ne s'est produite qu'environ quatre mille ans après la création du monde, je répondrais simplement, comme tout mortel, que c'est le secret de Dieu, et que nous n'avons qu'à nous incliner ; toutefois, cette révélation a permis à toute l'humanité d'avoir des espérances certaines qu'aucun être ayant apparu sur la scène du monde n'a jamais données ; en effet, si l'on remonte avant notre vie, l'on constate que les plus illustres d'entre tous les philosophes qui ont apparu environ quatre à cinq cents ans avant le Christ ont bien donné des exemples de grandes vertus, mais aucun d'eux, tels que Aristote, Platon et Socrate, n'ont jamais eu la prétention d'affirmer qu'ils étaient Dieu, étant trop sages pour oser affirmer ce qu'ils n'étaient pas ; d'ailleurs, ils n'y ont sans aucun doute jamais songé, car ils n'auraient pu le prouver ; or, depuis la révélation, que de choses se sont accomplies, les unes belles, les autres tristes, et tout cela ne s'est produit que par la volonté de l'homme. — Ce qui ne peut être contesté, c'est que tout ce qui s'est produit en bien a été pour l'humanité un règne de paix et de prospérité ; en un mot, cela peut s'appeler règne de bonheur relatif ; je dis bonheur relatif, car le véritable bonheur complet n'existera jamais sur terre ; — l'humanité n'existe qu'à la condition de lutter, lutter toujours, et, maintenant, si nous regardons tout ce qui s'est accompli par la haine et l'injustice de la nature humaine, on est effrayé à la vue de toutes les misères et les souffrances de notre pauvre humanité qui, malgré tout, sera contrainte de s'échouer au même but, c'est-à-dire au tombeau. — Nous devons donc conclure que le parti le plus sage serait de nous aimer mutuellement tous et de vivre en bonne union ; en un mot, suivre les préceptes du Christ, ce serait la véritable voie ; à chacun d'y penser. — Parmi les êtres qui réfléchissent et recherchent le bien général pour essayer de le faire prévaloir, beaucoup d'idées peuvent être émises par tous citoyens *qui sont restés dignes, n'ayant jamais enchaîné leur liberté* ; eh bien, permettez-moi, Monsieur le Ministre, de vous en soumettre une qui me vient à l'esprit : — Si le Maître des destinées du monde jugeait à propos qu'un être surnaturel s'adresse à vous par l'intermédiaire d'un génie qui, pour vous convaincre de sa puissance, aurait des pouvoirs tels que vous les reconnaîtriez facilement à certaines preuves, comme venant d'une puissance supérieure à celle des mortels, vous disait :

— Vous comprenez bien, n'est-ce pas, que s'il existe autant de ruines dans votre pays de France (qui cependant a été privilégié, votre héroïne Jeanne d'Arc est bien une preuve éclatante que Dieu est intervenu en faveur de votre nation : soyez-en donc fiers et reconnaissants), cela tient absolument à des taches d'orgueil et de jouissances malsaines et éphémères qui se commettent par un grand nombre, et, cependant, tous ont conscience de leurs actes ; pourquoi commettent-ils le mal ? ils sont tous libres, sauf les inconscients, ils ne peuvent nier et encore moins le prouver ; ils ont bien leur libre arbitre. Ne pensez-vous pas que tout cela pourrait s'améliorer en suivant scrupuleusement les enseignements du Christ ? — J'ignore quelle serait votre réponse, mais il existe des centaines de millions d'êtres qui ont conscience que leur lutte vers le bien ne restera pas stérile. — Le Créateur a jugé que l'homme ne devait pas être créé infaillible, mais qu'il devait avoir toujours son libre arbitre et que ses faiblesses trouveraient aussi toujours un secours certain et infaillible. — Si ce génie vous proposait de vous donner une puissance qui dût se rapprocher de celle du Créateur et vous donner le pouvoir de créer, vous aussi, dans l'une des milliards de planètes que nous apercevons dans l'immensité tout un monde y compris ses attributs nécessaires, ayant, comme tous vos compatriotes, leur libre arbitre, comprenant, comme eux et comme vous, que la vie est une lutte continuelle, depuis l'âge où l'être commence à penser et réfléchir jusqu'au terme de l'existence, possédant également le secours de la révélation pour les soutenir et encourager dans la lutte plus ou moins pénible à laquelle nous sommes tous astreints, mais aussi étant soutenus par l'espoir d'une vie meilleure ; si cette puissance de créer vous était proposée vous assurant quelques centaines de millions et encore une longue existence, mais avec la restriction que toutes les promesses et récompenses qui seraient faites en votre nom seraient vaines et illusoires, que tous ces milliards d'êtres qui, par sacrifices et expiations, resteraient au même rang que les persécuteurs et, qu'en fin de compte, tout rentrerait dans le néant, votre réponse serait toute trouvée et vous diriez, en deux mots, au proposant : Ce que vous m'offrez est absolument satanique ; retirez-vous de ma présence, j'ai déjà assez de préoccupations pour accepter une propo-

sition aussi dépourvue de sanction équitable. **Cette ré-**
ponse, ferme et catégorique, que l'auteur de cette brochure vous prête gratuitement, serait bien celle que
tout homme honnête ferait à une proposition aussi in-
juste. Or, le divin Créateur de l'univers, dont la puissance est illimitée, et qui pourrait facilement changer
l'axe de la terre en rendant mer ce qui est terre et
terre ce qui est mer (ce qui nous forcerait à prendre la
place des poissons et nous mettrait en vilaine posture),
restera toujours le seul arbitre de la destinée que se seront faite ses enfants, puisque tous également ont bien
leur libre arbitre et sont aussi responsables, mais à
divers degrés ; <u>aussi, soyons assurés qu'une sanction</u>
<u>équitable sera appliquée après l'épreuve terrestre.</u>
<u>A chacun de nous d'y penser sérieusement.</u>

Durant les jours où j'écris ces quelques lignes, pro-
fitant des heures libres que me laissent mes occupations journalières, nous sommes en pleine moisson des
grains et ceux qui ont semé récoltent. Or cette récolte
ne se fait pas sans un rude travail, et il est d'autant
plus pénible qu'il faut l'accomplir par un soleil ardent. Je puis en parler, le faisant exécuter chaque année et l'ayant fait moi-même durant quatre années
consécutives, à l'âge de dix-neuf et vingt-trois ans,
chez mes père et mère, de 1849 à 1852. A cette époque,
il était encore assez facile de trouver des bras de bonne
volonté ; depuis vingt-cinq ans, c'est beaucoup plus
difficile et une partie de la génération ne demande pas

mieux que de s'affranchir de ce dur métier. Il n'est cependant pas impossible, puisqu'il s'accomplit ; avec l'aide des machines perfectionnées, il est très supportable, surtout pour une partie de la génération, celle dont l'origine n'a pas été étiolée par la débauche et les excès de toutes sortes ; hommes et femmes peuvent supporter certaines fatigues que les débauchés de tous genres supporteraient difficilement pour ne pas dire point.

Si c'est l'époque de la moisson des grains, qui ne permet pas de remettre au lendemain le travail du jour, c'est aussi l'époque où certaines personnes vont aux eaux ou sur les plages de la mer, les uns pour se guérir et se reposer d'un travail mérité, d'autres pour se promener et changer d'air et puis, enfin, les plus nombreux, pour continuer leur vie oisive, trop souvent scandaleuse ; ceux-là ne manquent pas, ils se chiffrent par dizaines de mille ; c'est effrayant, mais c'est ainsi. Il serait utile, quoique pénible en même temps, d'ouvrir les yeux aux parents qui les ferment bien trop souvent sur leurs enfants, en engageant ceux qui pourraient douter des scandales qui existent à aller passer seulement quelques jours dans l'une des villes où certaines classes s'amusent, disons plus, s'usent par un dévergondage effréné ; très certainement, ils verraient soit leurs enfants ou d'autres connaissances se livrer à des actes scandaleux, sans vergogne, n'ayant que l'embarras du choix pour varier leurs plaisirs dans l'immonde coupe des voluptés corporelles et satisfaire leurs passions malsaines, soit au jeu pour remonter leurs finances, voire même s'y ruiner ou en ruiner d'autres qui, trop souvent, finissent par le suicide. Voilà bien l'immoral tableau que représente la série des joueurs. Quelle pitié ! et comme on sent bien que l'esprit du Christ s'est presque retiré du cœur de nos compatriotes ! Peut-être même, chez certains, n'y a-t-il jamais eu la place d'honneur ! Oh ! alors, il faut les plaindre, car ils sont sur une pente glissante qui peut les entraîner à bien des misères ; prions pour eux et prêchons par l'exemple. Si, au milieu de leurs folies enivrantes, il arrivait un de ces coups de foudre qui réveille même les plus endormis, soit une déclaration de guerre ou banqueroute nationale, combien en trouverait-on, parmi eux, d'assez virils pour comprendre et revenir au devoir ? je l'ignore, mais, ce qui est hors de doute, c'est qu'un grand nombre d'entre eux n'auraient plus aucune volonté, si ce n'est celle d'en finir par le suicide. Le plus grand nombre d'entre eux, je l'espère, réfléchiraient que, s'ils n'ont pas été préparés, comme leurs compatriotes, au travail manuel des moissons, pendant lequel ils consommaient leurs orgies malsaines, ils doivent néanmoins leur venir en aide par les mille moyens dont chacun peut disposer. — Si ce coup de foudre arrivait (ce que je ne souhaite pas), ce serait une terrible leçon. Et qui oserait affirmer que l'un ou l'autre ou peut-être même les deux ne se produiront pas ?

Avant de terminer cette petite brochure, je tiens à

reproduire une anecdote historique dont ma grand'-
mère paternelle et moi ont été les deux principaux ac-
teurs. La voici dans tous ses détails :

Ma grand'mère et moi nous sommes nés dans le
Loiret, au Bignon-Mirabeau ; elle en l'année 1760 et
moi en 1829. A l'époque de ma première Communion,
le 20 mai 1841, elle avait 80 ans, ayant conservé toute
sa lucidité jusqu'à la veille de son décès, le 29 dé-
cembre 1850 ; souvent elle me rappelait les scènes de
dévastations de l'année 1793. Mon père, qui, à cette
époque, n'avait que cinq ans, n'en avait qu'un vague
souvenir. Ma mère n'était pas née. Les profanations
des églises et des croix, dont mon aïeule m'entretenait,
ont frappé mon imagination de douze ans et ont fait
naître, dans mon esprit, un sévère jugement contre
les sauvages profanateurs. Aussi, arrivé à l'âge
d'homme, j'ai fait le vœu qu'en l'année 1893, c'est-à-
dire un siècle après la Révolution, je ferais ériger une
croix en réparation de celles détruites en 1793 : c'est
donc 52 années après ma première Communion que
j'ai accompli ce vœu et, le 30 novembre 1893, cette
croix a été érigée sur un terrain m'appartenant, commune de Traînou (Loiret). Restait la bénédiction que,
d'un commun accord avec l'honorable curé du pays,
nous fixions aux premiers jours du mois de mai de
l'année suivante. Désirant y consacrer une solennité
digne, j'y pensais souvent, et il me vint à l'esprit de
reporter cette bénédiction au 24 juin, jour de la Saint-
Jean-Baptiste. Elle eut lieu un dimanche et y assis-

taient toute ma famille, ma femme, mes enfants, petits-enfants et amis, au nombre d'environ quinze ou seize cents personnes. Ainsi s'accomplit, le 24 juin 1894, un vœu formé dans mon jeune âge en réparations des orgies de 1793, soit un siècle après la Révolution. Ce même jour s'accomplissait, à Lyon, un drame sanglant qui envoyait dans l'éternité, par le bras d'un assassin, le Président de la République française, petit-fils du grand Carnot, qui commit une grande faute ineffaçable, en votant, avec les autres membres du Comité du Salut public, la mort du bon roi Louis XVI, guillotiné le 21 janvier 1793. Ces deux faits historiques peuvent donner lieu à des réflexions que chacun est libre d'apprécier en toute liberté.

Conclusion et Vœu

A ceux de mes compatriotes qui me feront l'honneur de lire et méditer cette petite brochure, je leur demande instamment, s'ils l'approuvent, de faire tout ce qui sera en leur pouvoir pour la propager ; et puisque j'ai été amené précédemment à émettre une pensée d'admiration sur notre héroïne Jeanne d'Arc, que Dieu a suscitée et inspirée pour sauver notre pays du joug des Anglais, il est de notre devoir de propager, dans toute la France, jusque dans les bourgades les plus reculées, toutes ses hautes vertus et le degré de perfection dans lequel le Créateur s'est plu à l'élever. Elle a été un modèle d'obéissance auprès de ses vertueux parents, et surtout envers les messagers célestes de Dieu qui l'ont préparée durant quatre années consécutives et dans lesquels elle mettait toute sa confiance. Nous pouvons, d'après ses actes, la proclamer le plus pur des modèles après le Christ et la Sainte Vierge Marie, et faire en sorte que tous nos enfants soient élevés et dirigés dans les sentiments de notre chère héroïne ; en faisant cela, nous aurons rempli un bien grand devoir et nous pourrons avoir la certitude que le Créateur bénira nos efforts et, comme conséquence, la régénération certaine de notre chère France.

Ad. LETURQUE, *ancien marchand de bois, et ancien Président du Syndicat du commerce des bois du Loiret.*

Orléans, le 19 mai 1907.

(Saint jour de Pentecôte).